Un panorama en estado de excepción

ANTONIO MARÍA GONZÁLEZ CASTRO

Un panorama en estado de excepción
Danza contemporánea en Andalucía
entre 2008 y 2021

EDITORIAL
UNIVERSIDAD DE SEVILLA

Sevilla 2024

Colección Arte
Núm.: 77

Motivo de cubierta: *Jabón de manos* de José Palomo

© Editorial Universidad de Sevilla 2024
  c/ Porvenir, 27 - 41013 Sevilla.
  Tlfs.: 954 487 447; 954 487 451; Fax: 954 487 443
  Correo electrónico: info-eus@us.es
  Web: https://editorial.us.es
© Antonio María González Castro 2024

Impreso en papel ecológico
Impreso en España-Printed in Spain

ISBN 978-84-472-2462-3
Depósito Legal: SE 1320-2024

Diseño de cubierta y maquetación: Editorial Universidad de Sevilla
Impresión: Podiprint

A mis padres y a Fernando

Índice

Listado de figuras

Prólogo

Los relatos se cargan con las huellas que heredan
del lugar en el que se construyen
(Córnago 2010: 264).

Los párrafos que siguen a continuación son la consecuencia de colocar sobre la mesa los resultados de una serie de estudios, estancias de investigación y entrevistas realizadas a numerosos protagonistas de la danza andaluza más actual. Antes de ponerlos en relación y seguir adentrándonos en la materia que nos concierne, quisiéramos aprovechar algunas líneas para aclarar ciertos aspectos que pueden ser adecuados en la comprensión general de esta publicación. Con el objetivo de profundizar aún más en nuestras aproximaciones precedentes, que hasta ahora solo han constituido pinceladas generales sobre lo que ha estado sucediendo en Andalucía en los últimos trece años, esta publicación pretende no solo llevar a cabo una mirada más detallada hacia los agentes y creadores escénicos, sino también ofrecer nuevos contenidos con relación a la danza contemporánea andaluza[1].

Creemos necesario conectar dichos contenidos a la experiencia colectiva de la vida humana, relacionándolos con otros hechos del orden social, aquellos que sobrepasan los análisis puramente técnicos y sistemáticos del arte. En esta dirección, se han entendido las manifestaciones culturales al modo que lo hace Clifford Geertz, como conjunto social de significación que dota al

---

1. Por orden temporal, conversaciones mantenidas con: Marta Carrasco, Salud López, Manuela Nogales, Álvaro Frutos, María González, Elena Carrascal, Carla Carmona, Raquel Madrid, Juan Dolores Caballero, María Cabeza de Vaca, Isabel Vázquez, Juan Luis Matilla, Bárbara Sánchez, Patricia Laso, Guillermo Weickert, Natalia Jiménez, Fernando Hurtado, Manuel Cañadas, Laura Lizcano, Alberto Cortés, Lucía Bocanegra, Teresa Navarrete, Patricia Caballero, Pilar Calvete, Javier Pérez, Sandra Ortega, Sandra Bonilla, Omar Meza, Laila Tafur, Julio Erostarbe, Candela Capitán, Roberto Martínez, Silvia Balvín, Ana Buitrago, Thomé Araújo, Mario Bermúdez Gil, Lucía Vázquez, Greta García, Anna París, Irene Cantero, Paloma Díaz y Jorge Gallardo.

mundo de sentido y permite a los hombres comunicarse simbólicamente. Es decir, construcciones elaboradas en el marco de acciones y reacciones colectivas. Las producciones artísticas generan paquetes de significados que forman parte de un ámbito de actuación más general –el de la cultura– en el que los símbolos adquieren un rol fundamental.

Por este motivo decidimos hablar aquí; queremos ser partícipes de lo que tiene sentido para nosotros, intentar avivarlo en nuestros textos, subrayando el carácter orgánico que hace de nuestra investigación algo muy vivo, inestable y en transformación, debido en parte a su naturaleza reciente. No resulta ilógico que los relatos –históricos y artísticos– se carguen de características derivadas de su tiempo, afectaciones sociales del lugar en el que se generan. Preferimos pensar la historia intelectual de una manera discontinua en forma de solapamientos y yuxtaposiciones a modo de palimpsesto; aglomeraciones de ideas que se sitúan a la vez en distintos puntos de un campo global. La historia, la de los cuerpos también, se ha visto siempre afectada por acontecimientos sociales y estéticos propios de un *zeitgeist* que deja signos de las transformaciones que han soportado.

Sin embargo, las prerrogativas asociadas a los círculos de legitimación en su vertiente institucional y política han fomentado la elaboración de relatos que han invisibilizado otras alternativas apartadas de la historia oficial. Con este artículo no solo pretendemos trasladar las voces de los protagonistas de la danza contemporánea en Andalucía desde 2008 hasta la actualidad, sino también conceder un espacio a la pluralidad creativa tan característica de esta región y que, desafortunadamente, ha sido descuidada o relegada a un segundo plano.

Nos gustaría dar las gracias a todas aquellas personas que han hecho posible llevar a cabo este estudio, en especial a todas las que han sido entrevistadas. También, a las instituciones que han mostrado su apoyo y nos han acogido en el seno de sus estructuras, en especial al Centro de Investigación y Recursos de las Artes Escénicas de Andalucía (CIRAE), puesto que la mayor parte del material audiovisual con el que hemos trabajado proviene de sus fondos.

No han sido pocas las ocasiones en las que se ha señalado un posible cambio mundial de paradigma con relación a la danza. Definir a qué nos referimos actualmente con el término danza es tan arriesgado que las pretensiones de este artículo quedan fuera del debate filosófico que conlleva aclararlo. Sería tan complicado como intentar definir qué es un dibujo y qué no, en un mundo donde la transversalidad se ha convertido en el motor de infinitas prácticas creativas. Desde la investigación en esta disciplina, y en torno a la reflexión sobre cuerpo, movimiento y consciencia, nos centraremos en los creadores y sus proyectos, aquellos que fluyan juntamente con las energías y temperatura de la realidad social, política, histórica y escénica en la que nos situamos.

El periodo que aborda este escrito, aproximadamente desde 2008 hasta la actualidad, comenzaba de una forma bastante dramática: en 2007 moría Maurice Béjart y en 2009 lamentábamos la pérdida de dos artistas fundamentales en la renovación de la danza contemporánea de los últimos setenta años, Pina Baush y Merce Cunningham. Revistas, periódicos y medios de comunicación de todo el mundo hacían eco de esta triste noticia y un punto de inflexión creía avecinarse a partir de aquellos años –la revista *SusyQ* les dedicaba por aquel entonces algunas páginas en el volumen 22–. Adentrarnos en el complicado universo de la escena andaluza es una tarea ardua y pantanosa, sobre todo por tratarse de un panorama cuanto menos variopinto, condecorado en ocasiones con las insignias de la vanguardia, y abanderado en otras con los estandartes de la desidia. Más aún si tenemos en cuenta que tratamos un tema muy poco investigado, todavía por descubrir.

Sin duda, todo el conjunto de hibridaciones artísticas se ha hecho posible en gran medida a causa de la coyuntura específica de nuestro territorio, una mezcla enriquecedora que ha conseguido fraguar la idiosincrasia de la creación andaluza más reciente. Todo ello en paralelo a la dificultad que se señalaba desde la presidencia de la Asociación de Profesionales y Compañías para el Desarrollo de la Danza en Andalucía (PAD) en el año 2010 en cuanto a la convivencia, muchas veces imposible, de los distintos cometidos entre el sector político y el sector artístico. Defender intereses comunes parecía una labor inalcanzable que no lograba efectuarse ni con relación a las motivaciones del sector político ni tampoco a las del sector profesional, que dependía de iniciativas propias al margen de la administración.

Por todo lo expuesto hasta ahora, entre demás cuestiones, se motivó la creación en 2008 de la asociación PAD, con la voluntad de contribuir al progreso del sector de la danza profesional a partir de la colaboración con instituciones, compañías y agentes culturales. Y es precisamente esta asociación quien nos encarga este estudio, a quién agradecemos la confianza y oportunidad ofrecidas. Allá vamos.

La publicación se ha estructurado en torno a una línea de contenidos que conecta un primer análisis contextual de las condiciones del sector profesional de la danza a partir de la actividad de diversas instituciones públicas, subvenciones, iniciativas y compañías privadas, mostrando su evolución en cuestiones políticas y económicas, así como en el ámbito artístico, con relación a la implementación de programas escénicos. Luego, nos centramos en determinadas estrategias a las que han acudido los protagonistas de este sector para sobrevivir a los tiempos de crisis y mantener a su vez las exigencias creativas. Por último, nos adentramos en un panorama más vinculado a los creadores (fundamentalmente mujeres) y sus proyectos artísticos, con base en distintas capas temáticas que articulan el conjunto multiforme de propuestas y acciones –unas realizadas en nuestra comunidad y otras fuera– a partir de preocupaciones escénicas relacionadas con el movimiento, la tecnología, el cuerpo, el trabajo colaborativo, la interdisciplina, la performance y la categoría misma de la danza.

Aprovechamos un inciso para aquellas personas que estén interesadas en la actividad contemporánea del flamenco. Debemos aclarar que nuestra publicación no aborda la complejidad que esta conlleva en cuanto a la renovación de sus formas, metodologías, usos y conceptualizaciones. Esto se debe a que lo consideramos un tema demasiado amplio, con suficiente especificidad propia, como para ser tratado en profundidad en el texto que nos corresponde.

Para concluir, pedimos disculpas a aquellos y aquellas que por un motivo u otro no vean reconocida su trayectoria en el transcurso de estas páginas. Este proyecto no se ha configurado con definiciones estrictas ni categorías estancas, sino como conjunto versátil y dinámico en el que podrían encontrar hueco dentro de futuras aportaciones. En todo caso, nuestra intención ha sido dejar constancia de las contaminaciones escénicas, contactos y afectaciones producidas en el escenario poliédrico de la danza contemporánea en Andalucía, en una suerte de trazabilidad de las distintas capas que lo han ido conformando. Asimismo, se han tenido en cuenta las trayectorias de artistas afincados en la comunidad que trabajan en ella y la de aquellos que son de Andalucía, pero por circunstancias específicas han producido fuera de la autonomía.

Nos gustaría concluir este prólogo con unos renglones en apoyo a la iniciativa para la reactivación de la cultura andaluza desde el ámbito local, defendida en abril de 2020 por una plataforma constituida por 44 asociaciones profesionales de todo el sector, cuando se pronunció unido frente a la Consejería para reivindicar con cinco medidas básicas y catorce específicas la reactivación de la cultura en Andalucía, que dos años después todavía sigue resultando tan urgente como necesaria.

Andalucía en estado de excepción

Con anterioridad a los años más duros de crisis económica, se había generado un sistema que, si bien hasta 2008 mantenía a rasgos generales la dirección de Bienes Culturales, Fomento y Promoción, comenzaba en esos momentos a expandir sus raíces según un modelo más orgánico y pormenorizado, madurando favorablemente bajo las directrices de la Secretaría General Técnica y la Viceconsejería. Lo relevante de su propuesta fue la reflexión llevada a cabo sobre las necesidades del sector cultural, sentando las bases para los contenidos que más tarde constituyeron el Plan Estratégico de la Cultura en Andalucía (PECA). No obstante, su materialización se producía de manera simultánea a la etapa más dura de la crisis, provocando una suerte de acción rebote en cuanto al desarrollo de los presupuestos andaluces, lo que desencadenó una lamentable contracción de las partidas económicas hacia niveles históricos. «El PECA proponía ensanchar el conocimiento y la gestión de la realidad económica del sector, centrando el problema en las "industrias culturales" [...]. La respuesta a esta necesidad fue deficiente» (Pérez Yruela y Vives 2012: 79).

A las Secretarías Generales se unían cuatro direcciones generales sin capacidad para negociar los recortes ni afrontar las vicisitudes coyunturales. La eliminación de enfoques cooperativos en el plan estratégico y la visión superficial del sector económico de la cultura se reforzaron con la llegada de la crisis. En esta adaptación de los marcos institucionales (con la consecuente reducción del gasto público y la implantación de nuevos ordenamientos) surgió en 2011 la Agencia Andaluza de Instituciones Culturales (en adelante, la Agencia) como transformación del antiguo Instituto Andaluz de las Artes y las Letras. Su cometido parecía responder a los múltiples intentos de planificar y gestionar de forma estructurada la política cultural andaluza a consecuencia de un PECA cuyos resultados se daban ya por finalizados. Dentro de la maquinaria escénica de la comunidad, la Agencia adquiría un rol fundamental tanto en el ámbito de la gestión como de la programación y su labor ejecutiva terminaba por ser fundamental. Además, existía el precedente de todo un conjunto de programaciones anteriores a esa fecha que servían, cuanto menos, de punto de referencia para la mejora de los ofrecimientos culturales de la Consejería de Cultura. Como ejemplos, nombraremos algunos: la Muestra de Danza Andaluza (MUDA) iniciada en Málaga en torno al año 2003, el programa Ahora! Danza, con Fernando Lima y Alysson Maia a la cabeza, el Certamen Nacional Coreográfico de Andalucía organizado por la Junta, el programa Huellas: Danza en Espacios Insólitos, con sedes repartidas en distintos municipios para llevar la danza a emplazamientos inhabituales, Cádiz en Danza, Mes de Danza, Danza en los Museos, Danza y Universidad –que organizaba La Espiral– y las becas ampliación estudios internacionales de artes escénicas de la Junta de Andalucía. Por otro lado, estaban las ayudas bianuales –como las que disfrutaron Fernando Hurtado y Sandra Bonilla– y también la actividad multidisciplinaria de la Sala Endanza, con toda la vorágine artística que lograba desencadenar. Fueron los últimos coletazos de una época de bonanza abocada a la desaparición.

Las artes en vivo se vieron duramente afectadas por la crisis, con el inconveniente añadido que supuso el incremento del IVA cultural español al 21 %. La SGAE subrayaba en sus informes de gestión la «agresión programada y pactada por todos aquellos que quieren una cultura solícita y entregada [...] sumida en la más absoluta necesidad» (Reixa, 2013, pág. 8). Tal y como apuntaba el crítico Roger Salas en 2009, la crisis había afectado seriamente al sector de la danza, que aprovechaba además para hacer una dura crítica a la calidad del Certamen Coreográfico de Madrid y a las estructuras low cost que dirigían, en su opinión, la danza nacional hacia una improductiva imitación de tendencias internacionales (Salas 2009). Según los datos de la SGAE:

> Desde 2008, se ha producido un descenso del 33,4 % en el número de funciones, del 30,6 % en el número de espectadores y del 15,2 % en la recaudación (17,1 %) [...] recordemos que la pérdida de actividad acumulada es ya de más de un tercio respecto a la actividad llevada a cabo en 2008 [...], con un 7,3 % del total, Andalucía, tuvo 3.670 (funciones) (SGAE 2016).

De igual modo, el descenso en el número de funciones y las variaciones en los presupuestos culturales iban acompañados por un descenso preocupante del número de asistentes a los espectáculos (ver figuras 1 y 2; datos extraídos de la SGAE).

El transcurso del panorama escénico andaluz dirigía sus cauces hacia un inmenso campo desabrigado donde el circuito, lejos de dejar de ser pobre, era poco menos que absurdo, donde los espectáculos nacían y morían al mismo tiempo y donde se subvencionaban funciones que a su vez quedaban fuera del circuito que las financiaba. La Junta se encargaba de cubrir económicamente las cifras del caché, pero los ayuntamientos locales no solían

Figura 1. Evolución del presupuesto de la Consejería de la Cultura entre 2009 y 2020. El alza entren 2014 y 2015 corresponde a un mayor presupuesto en la Dirección de la Secretaría General al unirse con la Consejería de Educación y Deporte. Datos extraídos de la SGAE

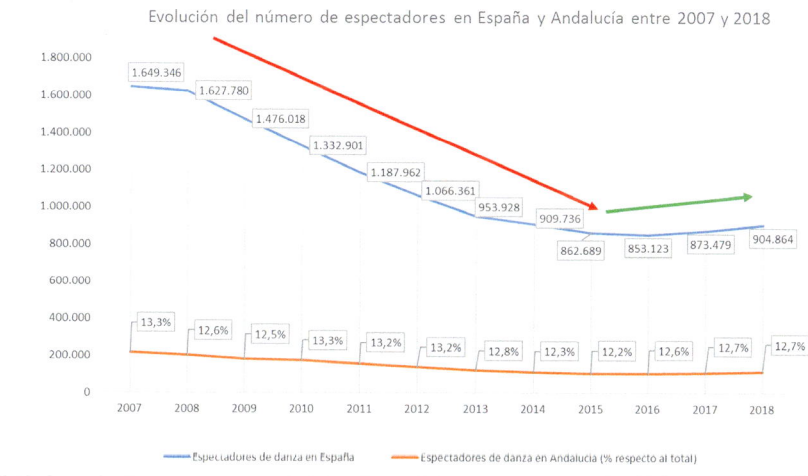

Figura 2. Evolución del número de espectadores en España y Andalucía entre 2007 y 2018

esforzarse en promocionar, difundir y apoyar esas programaciones que les venían dadas. Con pocas excepciones, y a pesar de que esas programaciones eran gratuitas para el espectador, los órganos de gobierno local se despreocupaban por dar publicidad a las creaciones escénicas contemporáneas.

No suficiente con estas malas noticias, hacia 2010 se empezaba a destapar lo que hasta ahora se conoce como el mayor caso de corrupción en la historia de la comunidad: los ERE de Andalucía. Además, la Empresa Pública de Gestión de Programas Culturales –que luego pasó a ser el Instituto Andaluz de las Artes y las Letras y posteriormente la Agencia–, estaba siendo investigada por dos jueces distintos –entre ellos, la famosa jueza Alaya, quien se ocupaba también del caso fraudulento de los ERE– con motivo de irregularidades en las transferencias de financiación. En 2016, la Cámara de Cuentas hallaba indicios de dichas irregularidades acompañadas de enchufismo:

> La Agencia Andaluza de Instituciones Culturales no ha cumplido de forma razonable con la normativa aplicable a la gestión de los fondos públicos [...]. En el acceso al empleo público se han vulnerado los principios constitucionales de igualdad, mérito y capacidad, así como la normativa de la función pública: publicidad de las convocatorias y sus bases, transparencia, idoneidad e imparcialidad. Además, concluye que todos los puestos de alta dirección de la Agencia, a excepción del director, están ocupados por personal procedente de la propia entidad [...]. No quedan garantizados los principios de publicidad y concurrencia para su designación (Tena 2016).

Entretanto, la realidad cultural no disponía de medidas suficientes para resolver aquellos asuntos que impedían el próspero desarrollo del sector. De hecho, los datos de la Cuenta Satélite de la Cultura en España recogidos por el MECD (Ministerio de Educación, Cultura y Deporte), señalaban cómo la cultura se alejaba de modo alarmante del 4 % del PIB, mostrando claras señales de estancamiento que no se resolverían solamente con un aumento de partidas presupuestarias, sino más bien con el diseño de una estrategia cuidada y pormenorizada. Entre todos estos desajustes, la Consejería se vio forzada a adherirse en primer lugar, a la materia de Deporte en 2013, y seguidamente a la de Educación en los dos años siguientes. A partir de 2016 vuelve a actuar como Consejería de Cultura asentando un esquema de funcionamiento que ha perdurado hasta la actualidad, en el que se delega una mayor importancia a la agencia andaluza.

Con estas condiciones, la creación escénica andaluza ha estado sometida al aislamiento, la precariedad y la ausencia de recursos suficientes que garantizasen unas mínimas condiciones de confortabilidad profesional. De ahí surge en gran medida la singularidad andaluza. Manuela Nogales hablaba en 2015 de «administraciones que utilizan la cultura de una manera nefasta, de modo que en lugar de construir se desanda lo realizado con tanto esfuerzo» y subrayaba un «ecosistema artístico en completa vía de extinción» (Nogales 2015). No ha habido suficientes representantes políticos que hayan invertido sus esfuerzos de forma efectiva a favor de la creación coreográfica autonómica. Casos como los del concejal Arturo Fernández son, desafortunadamente, una gran excepción. Seguidamente, Manuela aludía también a otra de las causas de la frágil situación institucional de la danza contemporánea andaluza: «el único objetivo de las administraciones se encuentra en mantener sus propias estructuras y su propio personal». Y es que todo el personal de la Consejería de Cultura no queda exento de responsabilidad en este asunto cuando anualmente se le ha destinado casi por rutina alrededor de la

Figura 3. Evolución del gasto de personal de la Consejería de Cultura

tercera parte del presupuesto, sin lograr en consecuencia una repercusión favorable en la evolución del sector (ver figura 3; datos extraídos de la SGAE). El agotamiento del estado moderno del que habla Zygmunt Bauman guarda relación con el reconocimiento de la excepcionalidad del orden y el equilibrio, aquella que sin expectativas de un estado de perfección no es capaz de mantener un orden global. La vida, también política, se vuelve flexible y todas las estrategias se planifican desde una consciencia cortoplacista. Es así como Andalucía vive en un estado de excepcionalidad, en medio de unos juegos del hambre donde el ambiente hostil repleto de dificultades ha curtido las pieles de los participantes.

> Lo que para algunos es el desmantelamiento del medio teatral, es sencillamente la declaración oficial del estado de excepción que ya se venía anunciando atrás. Y ante semejantes asperezas, en una provincia como la malagueña [...] decidimos que la resistencia, si era posible, pasaba por la cooperación, la creatividad y el trabajo obstinado (ACIAEM 2012: 33).

En medio de este jardín de las delicias (cercano al del Bosco, por cierto), toda una generación de jóvenes creadores que empezaba su trayectoria profesional en aquellos años de crisis económica no conoció un circuito estable, sino más bien un contexto de desestructura que se dirigía claramente hacia la precariedad, un sistema que se iba debilitando tanto a nivel económico como cultural, de infraestructuras, promoción, gestión, difusión... Algunos de ellos incluso ni percibieron la crisis porque directamente no estuvieron en ella, situándose de lleno en un terreno árido, desértico, sin distribuidores y con escasas oportunidades dignas de trabajo. En Málaga, un conjunto de creadores surgió desde cero en estas circunstancias y empezó a trabajar colectivamente sin mantener mucha relación con el núcleo sevillano. Recientemente está teniendo lugar un momento interesante en la trayectoria de alguna de estas creadoras quienes gracias a su perseverancia están consiguiendo desarrollar sus discursos con algunos apoyos institucionales (como es el caso de Ximena Carnevale, La Chachi o Alberto Cortés). Thomé Araujo fue una figura importante para esta generación.

Lamentablemente, toda esta conmoción provocada a la danza contemporánea andaluza ha impedido su óptima asimilación en el tejido social, vulnerando en consecuencia la figura del coreógrafo, profesión que aún mantiene su lucha por alcanzar reconocimiento y prestigio social. Podemos decir que, a grandes rasgos, no ha existido un verdadero interés por impulsar con determinación la creación andaluza (González Castro 2021: 123). De hecho, muchas de las investigaciones artísticas de nuestros creadores todavía permanecen a la espera de ser integradas en el poso cultural de la población. Por esta razón, se les exige comprensión y justificación, a diferencia del flamenco, con el que se convive en una actitud más favorecedora por ser aceptado como símbolo de identidad territorial. Esto no solo guarda relación con la diferencia de apoyo político entre una y otra, también está vinculado con la baja autoestima de los propios profesionales del sector de la danza, y a ciertos recelos internos.No fue hasta 2017 cuando las cifras de espectáculos, espectadores y beneficios empezaron a remontar tímidamente (figura 4 y 5; datos extraídos de la SGAE).

Según los datos extraídos de la SGAE, el punto de inflexión se produjo el año anterior, cuando desafortunadamente los índices caían en picado hasta mínimos alarmantes. Dentro de las programaciones oficiales, la danza ha ido perdiendo protagonismo y espacios de presentación. De hecho, en 2019 los circuitos culturales asociados a la Diputación de Sevilla encargados de las artes escénicas continúan sin apenas programar danza contemporánea. El concepto de danza que manejan suele estar frecuentemente asociado a bailes regionales. Igual sucede con el Programa de Fomento y Cooperación Cultural o CIPAEM (Programación del Circuito Provincial de las Artes Escénicas y Musicales) del año 2019, que solo lleva a una compañía de danza contemporánea (LaNördika, de Greta García y Darío Dumont). Por otra parte, La Escena Encendida solo programa a Marco Vargas & Chloé Brûlé. Ellos están muy presentes en la escena andaluza porque la contaminación entre las ramas contemporáneas y el flamenco ha cuajado de manera satisfactoria en las programaciones culturales (en la revista *La Teatral* se puede apreciar constantemente la presencia de ambos). Otro ejemplo sería el de la sevillana María Pagés con el coreógrafo Sidi Larbi Cherkaoui, gracias a la mutua admiración, a la iniciativa de Pagés y al interés de Larbi por los aspectos sociales, multiculturales y religiosos, o el caso de Israel Galván con Patricia Caballero y Pedro G. Romero. Así, el flamenco se ha ido acercando poco a poco a lo que acontece en la escena más actual.

Entretanto, la titularidad y gestión del Teatro Central de Sevilla ha estado asumida por la Consejería de Cultura y Patrimonio Histórico de la Junta

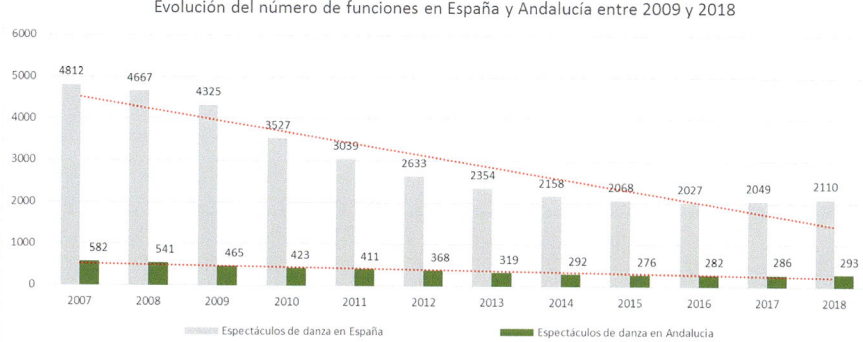

Figura 4. Evolución del número de funciones en España y Andalucía entre 2009 y 2018

Figura 5. Evolución de la recaudación en danza entre 2007 y 2018 en España

de Andalucía desde que en 1995 se hizo con la responsabilidad de acoger las transformaciones de la escena contemporánea. Sin establecer jerarquías entre las disciplinas, el teatro se ha convertido en un espacio imprescindible donde poder visibilizar las interacciones entre cada una de ellas, un lugar de convivencia para artistas y programadores de distintos géneros artísticos. En la solidez de sus programaciones anuales se ha podido contemplar la presencia de grandes compañías nacionales e internacionales. Sin embargo, la filiación con los valores artísticos de Andalucía ha quedado durante mucho tiempo relegada a un segundo plano. Si bien es cierto que casi todo el sector profesional de la danza andaluza reconoce la buena labor de su director Manuel Llanes, en líneas generales no se puede afirmar que haya manifestado un gran interés por lo que acontecía dentro del territorio andaluz. Su preferencia ha sido mayoritariamente internacional. No obstante, esta situación parece estar revirtiéndose en los últimos años con la presencia de compañías y creadores locales formando parte de programas como Andalucía, Nuevos Trayectos.

Como ejemplos, podemos mencionar a las hermanas Gestring (Greta García y Laura Morales) en su primera pieza larga titulada *A muerte* (2018), en la que emprenden un trayecto al inframundo para acabar por convertirse en figuras similares a diosas de la muerte, o Lucía Vázquez, en colaboración con Satoshi Kudo, quienes presentaron un trabajo denominado *Hasekura Project* (2020), obras de las que hablaremos más adelante. A su vez, este programa acogió una jornada apéndice cuyo título *El futuro es ahora* ya conllevaba una declaración de intenciones. En ella, diez jóvenes andaluces tomaron espacios no habituales del teatro durante toda una noche con actuaciones que oscilaban los veinte minutos. Y formando parte de la agenda de la temporada 2020/2021 se encontraban un buen número de protagonistas de la escena local acompañados de una pequeña jornada de artes escénicas en Andalucía llamada Renacimiento. En cualquier caso, aún siguen existiendo compañías con una larga trayectoria que no han visto reconocidos sus esfuerzos en esta institución.

Pero la crisis también tiene otras maneras de ser comprendida, curiosamente desde una posición más cercana a su origen etimológico de «separar» y «analizar» una afección problemática. En esta vía es donde se ha sumergido *Una forma fácil de acabar con todo* (2011) de María Cabeza de Vaca, con un planteamiento conceptual en el que la transición y la ruptura son necesarias para descorrer el apego a la inercia y al hábito. Recuperando la cita de Bertolt Brecht en la que «lo viejo no acaba de morir, y lo nuevo no acaba de nacer», María decide encaminarse hacia un ambiente de irreverencia e incorrección política tamizado por lo irónico, donde una buena dosis de humor se convoca para abrir paso a la intencionalidad. Este trabajo tan carismático y característico de esta época ofrecía un escenario humanista con suficiente amplitud para el encuentro de los contrarios, con posibilidades de acoger permutaciones complejas entre la estética, las posibilidades expresivas y el campo de interacción con el público. Un lugar donde poner en crisis también al cuerpo.

De hecho, la obra surge a raíz de un texto de la artista plástica Louise Bourgeois, fallecida precisamente el año anterior, cuyo tema fundamental es el suicidio, expresado mediante una enumeración muy sencilla compuesta por siete puntos principales a modo de lista de la compra. En el atrevimiento de vincular un tema tan trascendente a una forma tan simple apreciamos el intento de la autora para sacudir áreas cognitivas anestesiadas del espectador. Como sucede en el efecto de la resonancia mecánica, donde el movimiento de un objeto se ve ampliado al ser interceptado por una fuerza periódica generalmente externa a él, la creadora amplifica las capacidades de recepción de la pieza mediante concentraciones de trance, momentos de euforia y dinámicas de transformación. No es sino una celebración de la corporeidad en estados de máxima presurización. Este espectáculo fue seleccionado en 2014 por la plataforma internacional Aerowaves de apoyo a la danza, y recibió el premio a mejor intérprete y mejor espectáculo de sala en 2013 por la PAD.

Todos estos años de cambios repentinos y adaptaciones forzadas de las que venimos hablando con anterioridad dejaron huella en las consciencias de los creadores que, de manera habitual, recurrieron a una mirada introspectiva para reflexionar sobre lo que estaban haciendo. En muchas ocasiones, se trataba de enfrentarse a uno mismo, a los sobrentendidos, a todo ese cúmulo de supuestos heredados que en estos momentos no tenían sentido más que en forma de polvo o ceniza. Raquel Madrid y Laura Lizcano lo hacen en *Breve historia de un largo acontecimiento* (2011), una obra de lucha y reconciliación entre el ser humano y su conciencia a través de la figura del *whistleblower*, una especie de denunciante que expone verdades como un templo –o información ilegal, ilícita o insegura para el sistema–. También Teresa Navarrete dejaba atrás una etapa en Cataluña y volvía a Sevilla para estrenar directamente en el CAAC (Centro Andaluz de Arte Contemporáneo) una pieza para el Mes de Danza titulada *No levanto polvo al caminar* (2009), o Manuel Cañadas con su reconocido *Petroff sólo quiere bailar coreografía panfletaria en momentos de crisis* (2008), en el que se planteaba qué aportaba en esos momentos a la sociedad –a pesar de haber contado con muchas funciones sin notar la crisis en un primer momento, en parte debido a que fue un coreógrafo muy austero, con pocas necesidades y una gran capacidad de adaptación–.

En consecuencia, Manuel desemboca poco tiempo después en *Oye Yoe, síndrome de ausencia* (2011), tras catorce largos años de trabajo en su compañía Perros en Danza. Un trabajo que no resultó nada fácil de digerir ni para el mercado –en pleno socavón por la crisis económica– ni para el público –con pocas ganas de dramas en un contexto como el de aquel entonces–. No obstante, este trabajo va un poco más allá que el anterior y abandona el carácter biográfico para ponerse en esta ocasión bajo la piel del otro, y qué mejor manera de hacerlo que abordando temáticamente la tragedia de Yoe, un anciano con alzhéimer que se enfrenta a su cruel destino en soledad. Inspirada en la obra *Eh, Joe* (1965) de Samuel Beckett, dan una vuelta de tuerca y ofrecen una alternativa, un resquicio de potencialidad que excede la quietud, la parálisis y la marginalidad.

> La verdad es que nos ha costado mucho la adaptación porque Beckett tiene un lenguaje muy difícil, porque los personajes viven como encerrados en ellos. La situación que Beckett plantea en la pantalla la hemos transformado en una situación de movimiento, por lo que le hemos dado al hombre un poco más de salida y de esperanza (Cañadas 2013).

Figura 6. *Breve historia de un largo acontecimiento* (2011). Raquel Madrid y Laura Lizcano. Fotografía de Luis Castilla

Figura 7. *Oye Yoe, síndrome de ausencia* (2011). Belén Lario y Manuel Cañadas.
Fotografía de Luis Castilla

El espectáculo, coreografiado e interpretado por Cañadas y dirigido por Belén Lario, planteaba numerosas cuestiones en torno a la vejez y los comportamientos de resistencia frente a lo inevitable, a partir de la dramatización de un personaje incómodo para la sociedad que daba cuerpo –y mente– a la revancha de los más débiles. En su cercanía a la muerte, el personaje se deslizaba por el autoengaño, usando la mentira sagrada (como diría Alejandro Jodorowsky) para soportar la tortura a la que se sometía su consciencia.

Las crisis suponen también un proceso de transformación por la que un estado de cosas anterior no puede seguir vigente. En *Hay cuerpos que se olvidan* (2015) de Raquel Madrid, se aplica este concepto *krisis* asociado a la temática del duelo y a todas las fases que este conlleva, aquellas que implican no solo la aceptación de un nuevo devenir, sino además la muerte y la defunción, metafórica en cierto modo, pero no por ello menos necesaria. Una etapa quedaba atrás para la bailarina cuando empezaba a ser realmente consciente de las virtudes terapéuticas de la danza, al aceptar el sometimiento que de por vida tendría hacia su trabajo por haber acostumbrado al cuerpo a la química generada por el ejercicio corporal desarrollado desde pequeña. «Tengo cuarenta años y decidí hacer realmente lo que me diera la gana y olvidar todo lo que se supone que hay que hacer» (Raquel Madrid, entrevista personal, 3 julio 2020).

> Entonces, habría que pensar que el ser humano, para ser un ser humano, demanda ser excedido, lo que evidencia que este derroche es parte de la vida y que es imposible reducirla a patrones de producción y consumo, enfocando al juego que se opone a la mera eficacia y que busca movimientos no valorizados por la adquisición (Macias Osorno 2009).

En esta pieza, cuya dramaturgia estaba en manos de José Francisco Ortuño, la resignación se consuma al final de las fases del duelo a medida que hace confluir texto y movimiento, sobre todo, gracias a la excelente codirección de Charo Sojo. Al igual que otras obras anteriores, como *Japiverdy* (2010), se mantiene un tono agridulce que hace perpetuar la carga tétrica de sus espectáculos, subyacente a la celebración que en ellos se expone. La trayectoria de Raquel Madrid nos muestra una manera de revelarse desde lo festivo, asociado a nuestra cultura y tradiciones. Asimismo, una mayor correspondencia conceptual se produce cuando nos damos cuenta de que el aspecto musical de la obra ha sido, en parte, responsabilidad de Ramiro Souto, trompetista de la banda de cornetas y tambores del Santísimo Cristo de las Tres Caídas. La obra supera las condiciones culturales en las que ha sido producida, desborda las condiciones de su existencia en un marco en el que lo excesivo se hace norma. De hecho, esta pieza larga fue estrenada sin apoyo de la Junta de Andalucía en el Teatro de la Maestranza de Sevilla dentro de la programación del Festival Mes de Danza 2015, y fue internacionalmente reconocida en el Teatro Repertorio de Broadway de Nueva York en 2019.

Por otro lado, el Festival de Itálica se había quedado al margen. Tras años de exilio por distintas localidades de la provincia a causa de problemas de conservación y presupuesto, volvía en 2009 y se estrenaba ahora como promotor de producciones propias. Un ejemplo de ello, y con relación a la descomposición y a la victimización de un grupo de artistas que debían enfrentarse a los males de la sociedad, era la obra *Infame o el placer de lo efímero* (2009). En ella, se partía de una idea original de Isabel Vázquez tutelada por la dirección del australiano Rob Tannion, para elaborar la forma coreográfica y construir una estética muy cinematográfica donde los personajes se enfrentaran, entretanto, a la bazofia televisiva de hoy en día.

Por si no fuera suficiente, en 2009 se produjo un acontecimiento insólito: la renuncia de María González a seguir al frente de la gestión del Mes de Danza por falta de acuerdo con las instituciones públicas. Sin embargo, la noticia da un vuelco unos meses después y finalmente se decide llevarlo a cabo, pero con algunos matices. Entonces, se programó una versión intermedia de menor duración con una agenda reducida que aportaba cierta continuidad entre la edición anterior y la que debería haber sido, en condiciones óptimas, la 16.ª edición del mes. En esta ocasión se hizo en colaboración con Endanza

Figura 8. *Infame o el placer de lo efímero* (2009). Isabel Vázquez y Rob Tannion.
Fotografía de Luis Castilla

Espacio Vivo, para apoyar y visibilizar las residencias programadas por el CAS, por ejemplo, la de Sandra Ortega, una bailarina despegada de España por haber estado trabajando durante mucho tiempo en el extranjero –concretamente en P.A.R.T.S. de Anne Teresa De Keersmaeker– y que ahora llega a una Andalucía más teatral, más dramatúrgica y aristotélica.

La inagotable labor que ha realizado como directora del Mes de Danza, sobre todo a partir de 2007 cuando inicia su camino en solitario y empieza a organizar la programación del mes bajo la rigurosidad de temáticas concretas, ha ofrecido a la ciudad una realidad más alentadora en el sector de la danza contemporánea. La atención que ha mostrado a los profesionales, el apoyo a la creación, el refuerzo por exportar la danza local e importar creaciones internacionales, las energías por incentivar los contactos con otros festivales y las esperanzadoras cifras de asistencia a los eventos, han hecho de esta iniciativa privada un acontecimiento ineludible en el sur de España. Más aún cuando uno de sus compromisos reside en acoger propuestas que generalmente quedan al margen de lo institucional. Es decir, el proyecto se ha convertido en el salvoconducto de todos aquellos creadores que no disponen ni de medios, ni de recursos, ni de estructura para mostrar sus investigaciones procesuales. Lamentablemente, el festival se declaró en «barbecho» durante el año 2020 y poco tiempo después se informó de su cierre definitivo, cerca de cumplir los treinta años de funcionamiento.

También el Centro Andaluz de Danza (CAD) ha cerrado sus puertas recientemente. El que fue durante mucho tiempo foco de referencia a nivel nacional para la formación técnica de bailarines ha clausurado su actividad tras largas polémica y conflictos internos, sobre todo con la administración. Hacia el año 2000 empezó a funcionar con una dinámica parecida a los centros coreográficos, organizando talleres con profesionales invitados y becando a los alumnos con una cantidad aproximada de 500 euros. Sin embargo, la política cultural que se ha ido aplicando en los últimos años ha sido de fuegos artificiales y cortoplacista, sin consolidar estructuras ni asentar bases para el futuro. Quizás, tenga que ver con la idiosincrasia de nuestro territorio y la falta de responsabilidad política. Grandes sumas de dinero se desvanecieron en directores artísticos que apenas aparecían por Sevilla. Tampoco ha habido un plan diseñado para formar creadores o dirigir el centro hacia una esfera de creación e investigación. Al igual que en los conservatorios, el esfuerzo se ha invertido principalmente en la formación técnica de bailarines.

Entonces, a partir de 2011, el desinterés de la Agencia hacia el CAD ha ido degenerando hasta convertirlo en un barco sin rumbo, huérfano de directores artísticos y falto de presupuesto para proyectos conectados con el mundo profesional. Además, desde determinadas posturas internas, ha habido un rechazo a cierto sector profesional andaluz, cerrando la posibilidad de realizar intercambios y convergencias entre alumnos y profesores. Miguel

López, presidente de la Asociación PAD en 2016, señalaba en su intervención sobre Políticas Culturales en Andalucía cómo el CAD era un tema tabú a la hora de hablar con la administración, del que no se conocía su presupuesto, ni el criterio de selección de profesores, ni tampoco se conseguía encontrar la publicación en el BOJA de la oferta pública de trabajo como profesor. «Nos da a entender que la selección se hace a dedo sin superar un proceso selectivo basado en los principios de igualdad, mérito, capacidad y publicidad que recoge la Ley» (López 2016).

En paralelo, Anna París criticaba por aquel entonces la facilidad con la que se echaban por tierra los proyectos culturales en aquellos momentos de dificultad y apostaba por gestionar mejor los recursos disponibles. Judith Mata decía en el volumen 21 de *La Teatral*: «por qué coño es todo tan complicado y por qué en vez de ir a favor se va a la contra [...] nada es ni será lo mismo, lo que ha sido en la memoria permanece y en lo invisible deja su huella» (*La Teatral* 21: 33).

Los problemas de la subvención.
Adiós caché, (mal)venida taquilla

A lo largo de estos trece últimos años, ha habido momentos muy complicados en los que la Agencia Andaluza de Instituciones Culturales empezaba a acumular deudas y atrasaba sus pagos, forzando tanto a creadores como gestores culturales a pedir créditos a los bancos y buscar dinero de no se sabe dónde. Mientras solicitaban facturas tres o cuatro años después de la realización de los espectáculos, la Agencia condensaba entre 2015 y 2019 su mayor falta de presupuesto. Las compañías no paraban de acumular impagos por parte de la administración, a lo que se añadía, en un grave perjurio para el sector, constantes auditorías que atemorizaban a estas pequeñas empresas empobrecidas y con falta absoluta de recursos. Muchas de ellas prefirieron perder la parte correspondiente de subvención y cesar de inmediato su actividad antes que hacer frente a estos procedimientos que exigían, por si no fuera suficiente, la devolución total de la ayuda concedida –como fue el caso de la compañía La Calabaza de Sandra Bonilla–.

En sintonía con lo que menciona Roberto Fratini respecto a la danza catalana, el aumento de la desconfianza en el sistema, la desaparición de los formatos espectaculares y cierta negación institucional de la danza andaluza también «son fenómenos que configuran la disidencia de la danza actual no tanto como revolución consciente, sino como arraigo sintomático de patologías» (Fratini 2011: 378).

Solicitar una subvención se ha convertido en un auténtico infierno para los solicitantes. Primero, porque es muy complicado maniobrar con ellas. Segundo, porque no hay forma de poderlas solventar cómodamente sin que ello suponga un ahogamiento. En general, estos incentivos estaban enfocados hacia compañías estables integradas dentro de un circuito consolidado. Sin embargo, la falta de adecuación al sector junto a la complejidad de los trámites requeridos hace de estas «ayudas» una especie de espectro fantasma al que nadie se quiere enfrentar. Las complicadas exigencias que conllevan han generado un efecto rebote en la profesión, provocando un extendido rechazo a iniciar los proyectos con algún tipo de ayuda institucional.

Por estos motivos, creadoras como Teresa Navarrete –al igual que otras muchas– han decidido apostar por trabajos más familiares en los que se asegura estar rodeada por contactos de confianza. Por desgracia, no puede implicar en los proyectos a todo el personal que le gustaría porque en el caso de que ocurra algún descalabro, no está amparada con recursos económicos suficientes para responder ante todo el mundo. Así es como la inseguridad no deja de estar presente a falta de mejores condiciones a las que agarrarse. El pequeño caché que consigue lo destina a un trabajo muy artesanal y precario, en un ambiente limitante, pero gratificante a la vez. Recientemente, la mayor parte del colectivo profesional está depositando su confianza en la gestora cultural Getsemaní San Marcos. Ella ha podido reformular y facilitar ayudas a la creación y hacer que sus justificaciones sean más viables.

Desgraciadamente, en España no existe un régimen de intermitencia como el francés. Para que lo hubiera debería producirse un cambio de régimen jurídico, lo que equivaldría a instaurar un sistema de cultura diametralmente distinto, a partir de planteamientos nuevos desde el que estructurarlo. En Francia, las compañías de danza son asociaciones culturales, figuras jurídicas aceptadas que sirven de interlocutores en la administración pública. Actualmente, el sistema cultural español no trabaja con la asociación como figura jurídica válida para establecer contratos de actuación. Una de las luchas en las que se sitúan algunas de estas asociaciones reside en cambiar esto. En 2019 se realizaron unas jornadas en el INAEM sobre el «tercer sector» en las que se explicaba a la institución cómo se trabaja en Francia con el régimen de intermitencia y cuáles son las consecuencias que esto implica (Moraga Guerrero 2019).

> La precariedad del circuito cultural andaluz afecta especialmente a la danza, hasta el punto que ha hecho cómplice incluso a los propios protagonistas, que han debido bajar su sueldo para optar a mayores posibilidades de trabajo. En muchos casos, se convierten en artistas multitareas, autoexplotados, con la obligación de sobretrabajar para lograr mantenerse en la profesión (González Castro 2021: 124).

La degradación que se ha producido en el tejido escénico ha llegado incluso a denostar la imagen de aquellos artistas que consiguen, a veces a duras penas, hacer girar sus espectáculos. En cierta medida, parece que tener éxito implica de manera peyorativa tener una obra fácil o complaciente. Muchos han debido compaginar las labores de creación y producción con docencia y pedagogía. Desafortunadamente, en la mayoría de las ocasiones es la opción más segura para vivir dignamente de la danza. Encontramos ejemplos en María Cabeza de Vaca, con el máster en Pensamiento y Creación Escénica Contemporánea de la Escuela Superior de Arte Dramático de Castilla y León, Manuel Cañadas en el Instituto de la Mujer, con clases enfocadas a la consciencia corporal y la respiración, Salud López en la Factoría Cultural, Guillermo Weickert como profesor invitado en el Institute del Teatre de Barcelona en 2014, Álvaro Frutos también como profesor del Institute, Natalia Jiménez como formadora de educadores sociales, Laila Tafur en un instituto público, Teresa Navarrete y Laura Lizcano en el Conservatorio...

Por otro lado, el contacto con programadores extranjeros ha servido también para detectar algo que poco a poco ha ido cambiando no solo en Andalucía, sino en todo el territorio español: los tiempos para programar e introducir una pieza en el mercado, que desde hace aproximadamente cinco años han empezado a funcionar a «año vista». Este rasgo no se aplica de forma homogénea a todos los creadores (Fernando Hurtado reconoce que nunca vende hasta que los programadores ven sus espectáculos), pero sí podemos afirmar que es un rasgo característico relacionado con el triunfo de las redes sociales y sus aplicaciones en el ámbito laboral. Mientras que años atrás debía crearse primero el espectáculo y luego dedicar un tiempo a su difusión y visibilidad, ahora se intenta evitar esos tiempos muertos programando de manera anticipada antes incluso de finalizar la obra. Naturalmente, no puede obviarse la base de confianza existente hacia el trabajo de los creadores y sus trayectorias artísticas (aunque a veces sea más importante los rumores que cualquier otra cosa). Este ha sido el caso de Bárbara Sánchez y sus tres últimos espectáculos que, a modo de conjunción cósmica, ha logrado mover de forma adelantada sus espectáculos y hacer resonar expectativas de ellos.

Entretanto, acontece el tránsito del mundo «caché» al mundo «taquilla», un arma de doble filo que solo suele funcionar en compañías de reconocido prestigio o en piezas para artistas en solitario. Ingresar dinero únicamente por los espectadores que asisten al espectáculo hace que este sistema sea muy complicado de mantener a largo plazo dentro del frágil tejido de la danza contemporánea de Andalucía. La gran cantidad de dinero que se destina a impuestos, seguros sociales, nóminas de otros profesionales acompañantes, gastos de viaje, dietas, etc. acaba por extenuar a los creadores. Por ello, es necesario con urgencia disponer de un equipo de programadores especializados que se dedique con toda profesionalidad a distribuir correctamente los espectáculos, para impulsar el nombre y la trayectoria de nuestros creadores en redes culturales y garantizarles no solo un mejor bienestar, sino también un rendimiento mayor. Figuras como Elena Carrascal son importantes para la dignificación salarial de la profesión y la atribución de un caché regular para los artistas.

De acuerdo con una rama de la etnografía en la que se concede un rol activo al cuerpo en la sociedad, lo remarcable de Carrascal reside en saber poner en marcha un modo de trabajo cultural basado en la «inmersión en un espacio social concreto para acceder a la perspectiva de los sujetos investigados» (Citro y Aschieri 2012: 103) con el fin de comprender en profundidad el producto escénico que tiene intenciones de vender. No obstante, su presencia como distribuidora implica, en gran medida, una condición de adaptación a las exigencias del mercado. De hecho, tanto el circuito como el mercado están influidos por focos de programación y casas de danza repartidas por toda la geografía nacional. El grado de compromiso con lo que debe permanecer original en la trayectoria artística abre la cuestión de hasta qué punto hay que sacrificar la obra por el hecho de dar a los organismos culturales lo que piden.

Afortunadamente, para los artistas andaluces apareció la Gestora de Nuevos Proyectos (GNP), una empresa que a principios de la crisis de 2008 empezó a facturar a profesionales de la danza, justo en el momento en el que muchas compañías débiles empezaban a desaparecer. Lo que en un momento dado fue una intervención puntual, se transformó, hacia el año 2009, en un nuevo modelo de negocio. GNP se ha convertido en la salvación para muchos artistas que no disponían de infraestructura suficiente para constituir una figura jurídica válida. Con el paso del tiempo, la actividad de esta empresa ha ido evolucionando y actualmente también se encargan de hacer coproducciones junto a los artistas, además de tareas de distribución –básicamente, porque han ido conociendo a los programadores–. Al final, su tarea ha absorbido a las del mánager. Sin embargo, este trabajo solo lo hacen con algunas personas. Para ello, se dejan guiar por una elección más intuitiva y natural, no por criterios establecidos ni requisitos exactos. De este modo, abordan cuestiones más vinculadas a la producción económica, administrativa y rentable, sobre todo a la hora de solicitar una subvención o financiación. En estos casos, son ellos mismos quienes deben soportar el gasto económico que conlleva apostar por los artistas hasta que reciban pasado un tiempo la cantidad aprobada en la subvención.

Si continuamos en la línea del abatimiento, debemos insistir también en la urgente necesidad de abrir espacios destinados a la emergencia de labores creativas donde se garanticen territorios de afectación, contaminación y convivencia. Espacios con capacidad suficiente para provocar desplazamientos y facilitar intercambios poéticos desde perspectivas transdisciplinares, que reafirmen a la danza contemporánea como una disciplina integradora de todas las artes. Desde ellos se podría mostrar la esencia de cada bailarín, sin hablar tanto de «proyectos», sino de cuáles son los pilares que mueven el trabajo artístico. Un caso paradigmático lo constituyó Endanza –Espacio Vivo–, perteneciente al Centro de las Artes de Sevilla (CAS). En 2007, el Ayuntamiento de Sevilla plantea derribar la Sala Endanza y ofrecer a la ciudad el antiguo Monasterio de San Clemente, promovido por la Delegación de Cultura del ayuntamiento a través del ICAS (Instituto de la Cultura y las Artes de Sevilla). Aunque se dedicaba principalmente a la exhibición, ofrecía programas de residencia ideales para errar y experimentar, a la vez que generaba una sensación de comunidad y conciliaba con frecuencia a casi todos los profesionales escénicos. A la sección dirigida por Isabel Blanco se sumó la colaboración de Anna París como miembro de la plataforma catalana autogestionada Areatangent.

Al margen de la gestión y de las residencias artísticas, Anna trae el proyecto catalán en 2006 y crea en Sevilla una réplica con el mismo nombre. Al principio, esta iniciativa la gestiona ella en solitario gracias a la disposición del espacio El Contenedor. Pero rápidamente, el proyecto capta el interés de gestores culturales como María González, los directores del Festival Internacional de Artes Escénicas (FEST), profesores del CAD (Centro Andaluz de Danza), y también Isabel Blanco, con quien empieza pronto a colaborar. A partir de ahí, inician una programación en el CAS (Centro de las Artes de Sevilla) de propuestas escénicas llamadas «cápsulas» con una duración máxima de quince minutos y con el objetivo de testar ante el público una propuesta escénica que puede ser germen (o no) de algo futuro. Y todo, por un precio simbólico de un euro. Por aquí pasaron casi todos los protagonistas de la danza andaluza actual, y en esta singularidad reside su relevancia. La clave del éxito estuvo en que nunca había existido en Sevilla una apuesta tan rotunda, pero a la vez tan ligera y potente, por los comienzos de las creaciones artísticas, por las ideas. Y triunfó. Sobre todo, por las sinergias que establecía con el lugar. Los espectáculos se llenaban y el Mes de Danza decidió apoyarlas con residencias artísticas remuneradas para desarrollar ideas que surgieran de esas experimentaciones. Una de las participantes en estas residencias fue Bárbara Sánchez.

Aun con todas las circunstancias, las cápsulas nunca llegaron al Teatro Central ni a ninguno de los teatros más institucionalizados. Sin embargo, lograron dar más de sí evolucionando en forma de certámenes nacionales, organizados a partir de 2010 gracias al impacto que estaba provocando este proyecto cultural. Sevilla se convirtió en estos momentos en un reclamo nacional dentro del ámbito escénico. En total, fueron seis años de programaciones ininterrumpidas hasta el 2012, fecha en la que terminó la concesión a Endanza y se cerraron las puertas del CAS, desaprovechando toda la inversión realizada en infraestructuras. Ahora, ha desaparecido. Tras esta etapa de agotamiento, Anna París se decanta esencialmente por la creación y decide fundar en 2012 el colectivo La Casquería, junto a su compañera Raquel López.

Pese a ello, y aunque todavía muy tímidamente, existen otras referencias actuales que se están llevando a cabo desde iniciativas privadas cercanas al flamenco, como La Aceitera de Rocío Molina, donde Teresa Navarrete ha trabajado por intermediación de Roberto Martínez. Esas cápsulas tuvieron sus precedentes en otras propuestas realizadas años atrás tanto en Berlín

Figura 9. Colectivo La Casquería. Fotografía de Fran Carrellán

como en Nueva York, dos capitales mundiales con intensas actividades culturales de las que surgen, en un primer momento, Danceoff (que arrancó en 1999 en los EE. UU. desde un espacio de arte llamado Galápagos, en el barrio de Brooklyn), y en un segundo momento Lucky Trimmer en Alemania. Fueron iniciativas sin ánimo de lucro donde se programaban piezas cortas, normalmente solos y dúos, de diez minutos de duración a un precio asequible para el espectador.

Otro de los profesionales imprescindibles en Andalucía es Fernando Hurtado. Su labor a la hora de consolidar un tejido y formar estructura desde la base ha permitido enriquecer enormemente al sector. Sus negociaciones con organismos y entidades locales no han estado exentas de complejidad y riesgo, más incluso al tratarse de ayuntamientos para buscar apoyo y subvenciones económicas. Fernando ha debido de hacerlo muy bien para lograr después de tantos años seguir estando a pie de cañón y tener recientemente cinco espectáculos en gira. Quizás la clave haya sido abrir sus frentes y asumir con toda sinceridad qué tipo de compañía son y qué tipo de trabajo pueden aportar a la sociedad, incluyendo aquí el compromiso por mantener un número de bailarines en condiciones dignas –en muchos casos les paga por mensualidades–. Sus logros han alcanzado Centroamérica en multitud de ocasiones –aunque también Bolivia, México, Miami, Paraguay...– y suele frecuentar estas tierras lejanas durante algunos meses al año, aportándole una gran visibilidad a nivel internacional.

No conforme con esto, lleva siendo durante once años compañía residente en el Teatro Villa de Nerja, lo cual le ha permitido sostener no solo su propio colectivo, sino también a buen número de profesionales andaluces. Por tanto, sus oficinas siempre han estado activas con personas encargadas de la distribución, incluso si la gran falta de dinero se iba condensando en pagos atrasados que no llegaban nunca relativos al periodo 2016-2019. Sin embargo, el cambio de gobierno reciente en Andalucía le ha beneficiado y se han puesto al día con todas sus deudas. En cualquier caso, Fernando Hurtado tiene un sello reconocible a nivel nacional y ha podido adaptarse a los contratiempos de las administraciones, lo que le ha llevado varias veces a defender aspectos en los que una buena parte del gremio autonómico no estaba de acuerdo. Y esto es tan sencillo como el hecho de identificar que no todo el mundo se encuentra en las mismas condiciones ni tiene las mismas exigencias, y que lo que a uno perjudica quizás al otro beneficia.

Entretanto, sigue manteniéndose con una intensa actividad y juega con un marcado componente escenográfico, donde el audiovisual es un punto fuerte que destacar –un claro ejemplo es su obra *37 Guernica 17* (2017)–.

Figura 10. *37 Guernica 17* (2017). Compañía Fernando Hurtado. Fotografía de Quintero

Como homenaje por el 80 aniversario de la creación de la obra original de Picasso, Fernando decide aprovechar esta oportunidad para profundizar en las entrañas del cuadro y corporizar toda la emoción contenida, entrar en la piel de su autor y vivenciar un proceso interpretativo con su compañía que, afectado por las imágenes, lo acerquen a un teatro-físico de relaciones humanas. Por el contrario, la celebración del vigésimo aniversario de la compañía llega con un nuevo trabajo, *Low cost (por bailar)* (2020), de mayor sencillez y reduccionismo gramatical.

Asociacionismo, sistema de redes y museos

Desde la década de los años ochenta, la ciudad se ha ido convirtiendo en el principal centro de consumo donde el marketing urbano se ejecuta para «vender» la ciudad, insertándola en un tejido donde lo importante es elegir bien con quién te relacionas y cómo cooperas en colectividad. Un número elevado de metrópolis están siguiendo esta tendencia generalizada con la que van adquiriendo una posición determinada dentro de un proceso de jerarquización colectiva. Cada ciudad tiene su función e importancia dentro de un sistema que disemina el conocimiento, la información y las innovaciones tecnológicas mediante las herramientas arquetípicas de la globalización, Internet y las TIC. «Las redes que se han constituido parecen querer perpetuar la hegemonía del núcleo central y seguir controlando la elaboración de valores y reputaciones» (Moulin 2012: 76). Tal y como indican algunos autores como Méndez Gutiérrez, el desarrollo de la globalización ha ido construyendo un conjunto interconectado de metrópolis mundiales donde gran parte de las decisiones aplicadas están en manos de entidades económicas transnacionales.

> Estas ciudades red, vinculadas entre sí, son sede de las grandes empresas, instituciones financieras y organismos internacionales desde lo que se gestiona y dirige la economía mundial, así como el origen de una cultura cosmopolita que se difunde en el mundo (Méndez Gutiérrez 2007: 263).

Un tejido dinámico, de intermediaciones y puntos de contacto entre los distintos enclaves, se crea a partir de estos focos neurálgicos de creación. En el caso de la comunidad autónoma andaluza, Sevilla y Málaga son dos buenos ejemplos de ciudades mundiales. Salvando las distancias con otras megalópolis como Tokio, Londres, París o Nueva York, estos dos ámbitos territoriales han ido reforzando su posición en el sur de España gracias al establecimiento de redes de transporte, nodos internacionales de conexión, industrias aeronáuticas y empresas culturales que generan una nueva idea de consumo y extienden la oferta multicultural a todo el sector artístico. En ellas, la iniciativa privada se une a veces a la pública para construir una relación fructífera sobre la que impulsar proyectos creativos y ampliar programaciones culturales.

> Las personas más atractivas son las que viven la vida intensamente, se comprometen sin condiciones y transgreden los límites de sus circunstancias. El compromiso con la vida genera energía y una determinación interior que, a su vez, crea una intensa fuerza magnética. Busca colegas que sean vitales, comprometidos y entregados. Para encontrarlos, es necesario cultivar un ingrediente que funciona como un imán para este tipo de personas: el entusiasmo. La etimología de «entusiasmo» es muy reveladora. La palabra viene de la expresión griega «estar habitado o poseído por Dios» (Bogart 2015: 56).

Y esto es lo que ha sucedido a menudo en Andalucía y en buena parte de España. El escenario desalentador para la cultura local y autonómica ha quedado compensado con el establecimiento de redes asociativas que extienden sus influencias más allá del plano nacional. Y para ello, qué mejor manera de hacerlo que buscando amigos entusiastas. El entusiasmo es probablemente el mejor estado anímico desde el que combatir la frustración generalizada. Algunos ejemplos de este tipo de hermandad serían la Asociación Nacional de Compañías de Danza «Emprendo Danza», o la Asociación de Artistas del Movimiento PiedeBase de Canarias, ambas integradas en la Red de la Federación Estatal de Compañías y Empresas de Danza (FECED). Integrada en esta última también encontramos a la PAD, que tal y como hemos mencionado anteriormente, se trata de una asociación imprescindible para el desarrollo de la danza en Andalucía. Trabajar en red posibilita la interacción entre colectivos y fomenta la transmisión de conocimientos. Su actividad se ha ido profesionalizando con el paso del tiempo gracias a la consolidación de estudios, escritos formales, asesoría y defensa jurídica…, lo que ha permitido reforzar iniciativas y metodologías con el paso de los años. Desde una etapa más kamikaze, se ha pasado a otra más incisiva y conocedora de la red, implementando las actuaciones estratégicas y presionando contantemente las políticas culturales relacionadas con la danza. Ya en 2012, la revista *La Teatral* contemplaba este tipo de uniones colectivas como una posibilidad no solo de resistencia, sino también de garantía laboral.

Desde esta compenetración se han extraído algunos programas que merece la pena destacar, como el Ciclo Vertebración, nacido en 2010 como escaparate dedicado a la producción andaluza que celebra en 2021 su XI aniversario. Es un muestrario de piezas cortas que, a partir de su quinta edición se abrió además a profesionales de otros territorios distintos a Andalucía. Sin ánimo de lucro, todo lo que recaudan se destina a la PAD. Aunque en 2020 tuvo que ser modificado debido a las restricciones sanitarias, es quizás el proyecto más consolidado de los que disponen. Según Miguel López, antiguo presidente de la PAD:

Vertebración no solo proporciona visibilidad a creadores e intérpretes, también favorece encuentros para futuros proyectos. Este y acciones como la PENCCA, que en breve lanzará nueva convocatoria, consolidan a la PAD como una herramienta esencial al servicio del sector (PAD, La PAD presenta la quinta edición de Vertebración, 2015).

Desde Danza-T, Red de Trabajadores de la Danza –una plataforma que aúna siete asociaciones de danza a nivel estatal, entre las que se encuentran, por ejemplo, la Associació de Professionals de la Dansa de Catalunya (APdC) o la propia PAD–, nacía en 2015 Circula! Tren de Creación y Formación en Danza, para dar movilidad a los creadores y facilitar la presentación de las obras por un circuito estatal de salas y teatros. En 2021, la ocasión ha sido para Lucía Vázquez y Satoshi Kudo, seleccionados a propósito de su espectáculo *Mazari* (2018) y que se desarrollará en Asturias junto a un taller de formación.

Por otra parte, hay más ejemplos de redes que podemos destacar con relación a la danza y las artes escénicas. La red nacional Acieloabierto está dedicada exclusivamente a la danza contemporánea y reúne a doce festivales de naturaleza muy diferente, entre los que participan el Cádiz en Danza y el Mes de Danza de Sevilla. Esta asociación cultural surge como consecuencia de un estado de anemia, precariedad y falta de medios, coincidiendo con una proliferación de festivales que programan en espacios no convencionales, para proporcionar una herramienta estupenda en el intercambio y la cooperación entre comunidades. «Los museos están organizados en redes, así como las instituciones que reciben a los artistas y las exposiciones itinerantes» (Moulin 2012: 76).

En los últimos años, los museos también se están acercando a la danza, sin embargo, todavía no demuestran un interés específico por el trabajo del bailarín como discurso propio. La colaboración suele ser basándose en las propuestas expositivas que programan, pero como un ejercicio mayoritariamente ilustrativo:

> Este planteamiento, bastante caduco, hace complicada la colaboración entre ambos si no es concediendo un espacio en el museo para un trabajo corporal que esté vivo con relación a lo escénico. En esta dirección, algunas excepciones merecen ser señaladas. Por un lado, el CAAC de Sevilla, que desde hace algunos años viene colaborando y cediendo sus espacios al Mes de Danza (González Castro 2021: 125).

El Centre Pompidou Málaga, con su red internacional, es de los pocos museos que apuesta por una forma diferente de hacer las cosas. La obra *Hollywood* (2018), de Alberto Cortés y Andrea Quintana ha sido impulsada desde esta institución. Aunque Alberto viene de la dirección escénica alejándose poco a poco del teatro, se ha ido involucrando progresivamente en un tipo de movimiento entendido desde algo muy interno, casi eléctrico, alejado del aprendizaje de una disciplina estética. Su «dejarse danzar» guarda más relación con la libertad que con un movimiento concreto para hacer las cosas. Desde donde se mueve atiende a la respiración, a la percepción, a la energía que se activa en posesiones que no tienen por qué estar relacionadas con el formalismo de la danza contemporánea. Sin embargo, no se trata de hacer cualquier cosa, sino de buscar un lugar intermedio de poca especificidad en el que la dedicación, el amor y la práctica permitan mover esa energía, algo que solo el intérprete conoce. Más cerca de un concepto de improvisación asociado a lo performativo, Hollywood trata tres puntos fundamentales: emborrachamiento de la narrativa habitual, estado de irrealidad de las cosas y archivo dañado, todo con relación a los conceptos de triunfo y fracaso.

En colaboración –entre otros– con el coreógrafo Thomé Araujo, uno de los pioneros en la danza contemporánea andaluza afincado en Málaga, Ximena Carnevale crea *Mise en Abyme* (2016) gracias también al encargo del Centre Pompidou Málaga. En él, reinterpretaba las obras de artistas visuales como Man Ray o Marcel Duchamp, presentes en la exposición *Cine Dadá, cine surrealista*, desarrollada en el mismo centro. La interacción entre las distintas ramas de lo artístico es uno de los conceptos clave en la trayectoria de está bailarina que desde 2014 dirige INNERCIA, una plataforma de encuentro e interacción para la danza que, según su página web, va dirigida a bailarines, coreógrafos, productores y organizaciones de las artes en movimiento, así como de otras disciplinas.

Otras coreógrafas como Natalia Jiménez están llevando sus obras a museos externos a la comunidad andaluza, como es el caso de *Práctica en la frontera* (2013), realizada en el Museo de Arte Contemporáneo de Barcelona (MACBA). Esta pieza corta era análoga a otra llamada *Manifiesto en la frontera* (2013) y ambas fueron el resultado de una pieza madre anterior titulada *Júbilo* (2013). En todas ellas estuvo presente la visión escindida de lo teatral que le aportaba Jorge Gallardo, encargado del componente dramatúrgico y de investigación. A través del proyecto CONJUGACIONES, Natalia perseguía interactuar con el público para de reivindicar no solo las fronteras como ámbito de libertad, sino también los procesos de construcción de identidad en espacios liminales. Una poética del desgarro gráfico, como ruptura del testimonio escrito –histórico–, se nos presenta como una forma de libertad con la que poder abrazar y envolverse en la permanencia histórica de la danza. En el espectáculo se leía: «ahora la dejaré que baile hasta que desaparezcáis». No es de extrañar que, para su representación en Sevilla, eligiera un enclave tan significativamente connotado como el de la Plaza de la Encarnación –comúnmente llamado Las Setas de Sevilla–, lugar emblemático de la ciudad envuelto por una concepción muy poética en la que conviven pasado, presente y futuro –cultura clásica, actividad económica mercantil y vanguardia arquitectónica–. El *site specific* se convierte, por tanto, en una característica específica de su trabajo.

En cualquiera de los casos, la ciudad y las instituciones no han sido capaces por el momento de ofrecer un programa consolidado para generar artistas que, desde lo coreográfico, creen obras de arte contemporáneo. Faltan sistemas de detección proveniente de estructuras públicas para apoyar a los artistas en los momentos de subidón. Es necesario fomentar otro tipo de posicionamiento en el que la danza, el movimiento y las artes vivas tengan más cabida en la comunidad. El Centro de Iniciativas Culturales de la Universidad de Sevilla (CICUS) también se ha convertido en un centro cultural de referencia para toda la comunidad andaluza. Artes plásticas, cine, música, danza… se reúnen en pleno centro de la ciudad. Una sección de su programación, Ahora! Danza, está bajo responsabilidad de Eléctrica Cultura «una empresa cultural cuyos integrantes, Fernando Lima y Alyson Maia, llevan más de veinte años dedicados a impulsar la danza contemporánea a través de las más variadas iniciativas» (Gómez 2020). Ahí se han presentado piezas como *Placebo en 3D* (2014), de la coreógrafa y bailarina Juschka Weigel, en colaboración con Goethe Institut, o *Barrunto* (2015) de Patricia Caballero. Por otro lado, no hay que olvidar otro organismo programador que ha sido bastante respetado por a su implicación en el conjunto de las artes escénicas: la UNIA (Universidad Internacional de Andalucía).

Vacíos por habitar

Como dice Marcelí Antúnez:

> Las instituciones respaldan producciones que espectacularizan su posición de poder y que les sirven de pantalla de proyección. Lo que hacen las artes del espectáculo es entretener. No tienen que ver con unas artes que justifiquen su propio lenguaje de investigación. El problema es que el objetivo final de la producción se ha traicionado (Antúnez, Ramis y Muñoz 2000: 154).

A lo largo de su evolución, la creación contemporánea andaluza se ha metamorfoseado en un ente multiforme de profunda fecundidad como estrategia de separación frente a un mercado que asfixia a los profesionales y una habitual programación de los teatros que no supera su previsibilidad. La poética del contexto y las condiciones en las que emerge su presentación han abierto nuevos horizontes en la comprensión del concepto *bailar*. Encasillar las expresiones del ser humano en categorías parceladas conlleva a una rígida territorialidad sobre la atribución de determinadas funciones en el arte. Para intentar concebir esto desde posiciones más fluidas, sería recomendable evitar un doble contrapunto: un primero de estancación, y otro segundo de infecundidad operativa. Tal y como está sucediendo en otros circuitos nacionales, parece que la tendencia más reciente fuerza a los creadores a acotar sus trabajos bajo el estigma de la etiqueta. Así, por conveniencia, la institución sigue desplegando su abanico de influencia sin atender a las necesidades esenciales del artista, mientras toda una generación continúa a gritos (o a silencios ensordecedores) aportando nuevas ideas desde el desafío de cómo introducirlas en la sociedad, y también en la institución.

A la falta de programadores independientes con madurez de entendimiento artístico, se añade la apuesta fácil de un mercado anodino por trabajos complacientes. La ausencia de obras rupturistas que saboteen las reglas del mercado es síntoma de la falta de riesgo de los propios programadores. Los que se decantan por líneas poéticas más incómodas no disponen de un circuito adecuado que les permita visibilizar regularmente sus creaciones, lo que lleva a dirigir las expectativas hacia otras comunidades con mayor amplitud de miradas. Con razón, algunos creadores han aprendido a no ofuscarse por no ser programados en las instituciones locales y han buscado los resortes económicos para introducirse en otras esferas, gracias a la maquinaria existente en instituciones públicas como Acción Cultural Española (ACE), Sociedad General de Autores y Editores (SGAE), Instituto Nacional de las Artes Escénicas y de la Música (INAEM), la Agencia Española de Cooperación Internacional para el Desarrollo (AECID), Instituto Cervantes, embajadas...

Asimismo, no debemos olvidar el cambio que ha tenido lugar en estos doce últimos años con respecto al uso de Internet y la digitalización de los procesos administrativos. El alcance de los procedimientos telemáticos ha introducido multitud de oportunidades que dan cuenta de lo extenso que puede llegar a ser el panorama de trabajo en el plano nacional e internacional. Innumerables convocatorias online ofrecen experiencias para ir conquistando posiciones, pero conllevan el contrapunto de realizar un gran volumen de trabajo complementario a la propia creación de la obra: búsqueda de oportunidades, preparación de dosieres, justificación y viabilidad del proyecto, elaboración del tan exigido discurso, ajustes de presupuestos, adecuación a los formatos requeridos de participación... Raquel Madrid es una de las creadoras andaluzas que más intensamente ha logrado sacar partido de estas ocasiones –recordemos que su obra *Hay cuerpos que se olvidan* (2015) logró salir adelante sin el apoyo de la Junta de Andalucía y llegó a introducirse en Broadway tras buscar acuerdos con la embajada, ACE y FECED–. De esta manera, ha podido viajar también a Italia a una residencia remunerada, o a Toronto, como intérprete de circo para un proyecto con financiación.

Más allá de las infinitas conjunciones que cimentan el paisaje de las redes cooperativas, aparece el desafío de querer aportar algo al ADN de la danza contemporánea. Y para ello, se toman decisiones sin reparo de abandonarlas posteriormente, pero siempre en beneficio de la investigación escénica. La responsabilidad de darse permiso para acatar decisiones arriesgadas se nutre de la capacidad de integrar el imprevisto durante el desarrollo procesual y poder transformarlo seguidamente en una herramienta productiva a tales efectos. La fragilidad de estas fases de la creación, en la que tienen lugar constantemente procedimientos de selección y descarte, requiere ser protegida desde los inicios en el marco de toda circunstancia profesional. Colmar estos vacíos y defender a ultranza la debilidad como forma de empoderamiento han sido los cometidos que se han vigilado con incondicional atención a la hora de hacer frente a los acontecimientos sobrevenidos.

Una buena parte de ello se garantizaba en la Factoría Echegaray de Málaga, que comienza en 2016 como centro de producción, programación y exhibición de espectáculos. Su objetivo es incentivar la producción local de las artes escénicas a partir de una vertiente experimental llamada Factoría

Innovación, y otra educativa, Factoría Formación. También el Teatro Cánovas inició a partir de la temporada 2013-2014 un nuevo giro en la programación para dedicarse al público infantil y juvenil. Solamente La Sala Gades y Sala B ofrecían un sitio escénico multidisciplinar y polivalente abierto a otras formas de entender la danza. Con respecto al funcionamiento de este teatro aclaramos que, junto al Teatro Central de Sevilla y al Teatro de la Alhambra de Granada, forma parte de la red de espacios escénicos de la Junta de Andalucía adheridos a las directrices de la Agencia andaluza.

Siguiendo en Málaga, encontramos otro enclave singular cuya prerrogativa inicial es interactuar con otras disciplinas para escapar del teatro al uso. El Contenedor Cultural, cuya directora es Alessandra García, fundadora junto a Alberto Cortés de la compañía Bajotierra, pretende superar aquellas barreras disciplinares para agrupar propuestas que no son recogidas por los circuitos de exhibición habituales. Perteneciente a la Universidad de Málaga (UMA), está generando más actividad que la desarrollada conjuntamente por el Ayuntamiento y la Junta. Su importancia radica en que logra animar a un perfil de espectador que hasta entonces no era habitual en la ciudad. Logra cubrir el nicho de un público que se había quedado huérfano al no ver cumplidas sus expectativas en los teatros oficiales, cada vez más limitados a proyectos exclusivos que no llevaban la escena contemporánea de las artes vivas más allá de los lenguajes reconocibles.

En Granada, el reciente director del Centro José Guerrero, Paco Baena, tuvo la perspicacia de contar con una figura bastante desconocida en contextos andaluces, la coreógrafa y bailarina independiente Ana Buitrago. Formada en la School for New Dance Development (SNDO) de la Universidad de las Artes de Ámsterdam, se dedica desde 1992 a realizar sus propias coreografías en solitario y en colaboración con otros artistas. Una de sus actividades más remarcables, junto a Blanca Calvo, La Ribot, Elena Córdoba, Olga Mesa y Mónica Valenciano, fue la fundación en 1995 de la asociación UVI-La inesperada (Urgente Vinculación de Iniciativas). Asociado a la plataforma Teatron[2] surgía *Bailar ¿es eso lo que queréis?*, donde Ana –afincada en Granada–, realiza junto a Elena Córdoba y Jaime Conde Salazar una reivindicación del acto de bailar más que del arte de la danza. Baena acudió a ella en 2017 a partir de este proyecto para ubicar la danza en una posición central del conjunto expositivo del museo y ocupar el centro de cuerpos –el

---

2. Según su página web, «Teatron es una plataforma online independiente creada para artistas, público y profesionales de la creación transdisciplinar que provienen de una versión ampliada de la escena: la acción en el arte, la videocreación, el movimiento, la palabra, el sonido, la imagen, el transmedia...». Nace en 2007 para «generar puntos de encuentro y visualizar aspectos relacionados con la creación, como las dudas o las conclusiones de los procesos creativos o las múltiples reflexiones posteriores a la actuación» (Teatron 2021).

de los espectadores–. Ana Buitrago seleccionó una parte de pensamiento y otra de movimiento para abordar la idea de libertad junto a otra, más política, con relación al uso del espacio público: cómo circulamos y habitamos los tiempos al ser ocupados por la palabra, el sonido y el cuerpo. Con el objetivo primario de vincular a la gente local, trabajaron en un primer momento con un grupo guiado por ellas, y seguidamente, hicieron una apertura pública para integrar la participación de cualquier interesado. Laila Tafur estuvo entre las participantes.

Por otro lado, la Feria de Teatro en el Sur de Palma del Río (Córdoba) sigue construyendo desde 1984 una buena parte del tejido contemporáneo andaluz de danza y teatro, siempre comprometido al 100 % con las producciones que se realizan en nuestra comunidad. Después de la Feria de Tárrega, la de Palma es la segunda iniciativa más antigua dentro del territorio español, y la faceta mercantil que desarrolla desde 1992 intenta facilitar a los programadores el conocimiento de nuevos espectáculos con el objetivo de cerrar tratos y promocionar el sector de las artes escénicas de Andalucía. Por tanto, en su genética lleva implícita la voluntad de descubrir nuevas compañías que apuesten por diferentes formatos y lenguajes de creación. Afortunadamente, para bien de nuestros creadores, sigue resistiendo a las inclemencias económicas, políticas y temporales, y a fecha de 2020 goza de muy buena salud.

Otro festival con voluntad de abrir fisuras en el panorama escénico actual era el desaparecido Costa Contemporánea. La forma tan sugerente desde la que fue concebido el proyecto, uniendo creación artística, alojamiento atractivo y relación con el entorno del Parque Natural Cabo de Gata, hacían de este festival un foco de atracción para un público activo que pudiera, potencialmente, generar un turismo más saludable. Su impulsora, Nerea Aguilar, logró que el festival creciera cada año y lo posicionó como buen referente de propuestas experimentales. Los cursos intensivos de artes escénicas que allí se proponían, en paralelo a otras actividades culturales, generaban un ambiente de encuentro que funcionó de manera modélica entre los años 2010 y 2016 en Almería. A pesar de su fugaz crecimiento, no logró sobrevivir a las insuficiencias económicas.

Alternativamente, el coreógrafo Omar Meza ha sabido aprovechar desde que estrenó su compañía Date Danza en 1999 un vacío donde poder utilizar el cuerpo y el movimiento para una función social. Siendo uno de los primeros en todo el país que destinaba el esfuerzo de sus espectáculos a bebés, también dedica casi todas sus producciones al público infantil y la juventud. Mantiene un compromiso firme con la idea de empezar a crear público desde edades muy tempranas, al tiempo que es altamente consciente de las implicaciones que pueden llegar a tener los juicios críticos en determinados sectores culturales. Quizás ahí se encuentre una de las claves de esta compañía: desarrollan con exquisita rigurosidad una tarea que les ha conducido a una posición de reconocimiento desde la que no olvidan preguntarse para quién hablan, por qué y para qué.

En *Taller espectáculo* (2012) inician una labor de integración de personas en momentos vitales distintos –diferentes miembros de una familia, por ejemplo– para potenciar los sistemas sensitivos y generar con ellos un proceso abierto de creación donde el rol del coreógrafo especialista queda subsumido a una danza que se expande con fluidez entre los participantes. Estos «no profesionales» del espectáculo generan, entre interacciones de luz, objetos y movimiento, una actividad que parte de lo cotidiano y alcanza un nivel de implicación que, en palabras de Rancière, requiere esfuerzos añadidos de atención (Rancière 2010). Evidentemente, detrás de la trayectoria de Omar Meza hay una fijación por la labor terapéutica, por aquellos cambios que nos permiten conectar más intensamente con nuestro espacio-tiempo. Granada, ciudad en la que se ubica su actividad profesional, es un foco de producción artística gravemente desamparada del apoyo institucional. Por este motivo, colaboró en la creación de la asociación En Compañía, formada por siete colectivos que han puesto sus espectáculos y herramientas a disposición de los teatros. Además, han creado el festival TIF (Teatro, Infancia en Familia) con apoyo del ayuntamiento y de la SGAE, y dentro del Festival de Música y Danza de Granada, han organizado desde la Asociación Internacional de Teatro para la Infancia y la Juventud (ASSITEJ) el I Congreso Internacional para la Infancia y la Juventud dedicado a la Danza.

Otro colectivo que ha ido ofreciendo desde 1995 nuevas posibilidades dentro del campo de la danza contemporánea es Danza Mobile. Desde sus comienzos, se ha caracterizado por formar e incorporar a intérpretes con discapacidad además de dedicar esfuerzos a la creación, gestión cultural y proyectos con un destacado carácter social. Su misión: trabajar para el desarrollo integral de las personas con discapacidad a través de las distintas vertientes del arte. Las múltiples líneas de trabajo que componen su actividad nos muestran las distintas vertientes de este colectivo dedicado a la transversalidad y la implicación social: la escuela de danza y el centro de arte como lugares de creación y formación, continuando con la compañía de danza y el archiconocido Festival Internacional Escena Mobile, e incluso un Certamen Internacional de Cine, exposiciones de artes plásticas y producciones audiovisuales. Una extensa variedad que hace de este colectivo, un tanto móvil y voluble, una pieza clave no solo en el panorama autonómico, sino también nacional.

Sus componentes apoyan una línea de trabajo abierta a un sinfín de proyectos, desde un ambiente de intercambio e interdisciplinaridad. Aquí, el interés por lo social surge de una necesidad honesta y real, aunque en muchas ocasiones parece que a los creadores no les queda más remedio que apostar por esta vía para poder sobrevivir. Sin duda, el extenso terreno en el que se

Figura 11. *En vano* (2016). Danza Mobile. Fotografía: Centro de Artes Escénicas de Andalucía (CDAEA). Álvaro Araújo

desenvuelve el colectivo le ha traído numerosos reconocimientos, sobre todo por la enorme distancia que separaba a nivel institucional la discapacidad y las producciones artísticas. Alguno de los más recientes son los tres premios Lorca de la Asociación de las Artes Escénicas de Andalucía en 2017 al mejor bailarín, el mejor espectáculo de danza y la mejor coreografía *En Vano* (2016) –dirigida por Arturo Parilla– o la Medalla de la Ciudad de Sevilla que otorgó el ayuntamiento por su trayectoria en el fomento de la cultura, el arte y la difusión del nombre de la ciudad.

El apoyo al proceso creativo

Como hemos mencionado anteriormente, Andalucía necesita espacios de afectación. No obstante, esta carencia genera una actitud de ensimismamiento y autosuficiencia nacidas como táctica de autodefensa hacia un sistema carente de perspectivas abiertas en la política cultural. Sobre todo, porque dicha política suele introducirse desincronizada con respecto a las necesidades de los artistas, condenados a una temporalidad institucional que va muy lenta. Abandonar la apuesta por los productos escénicos y concentrar los esfuerzos en los procesos de elaboración de conocimiento que cada artista es capaz de generar, con sus mecanismos y convenciones, implica un posicionamiento revolucionario con relación a los compromisos más profundos de este arte.

> El mejor momento donde alguien te puede estar enseñando algo es cuando está ahí, haciéndose las preguntas. Si no hay espacios donde la gente se haga preguntas, solo vemos respuestas, y si solo vemos respuestas, hacemos todos lo mismo (Natalia Jiménez, entrevista personal, 16 julio 2020).

La visibilidad de los procesos de investigación ha sido una constante en la segunda mitad del siglo XX. El legado de Deborah Hay y en general el de toda la danza posmoderna americana vinculada a la Judson Church Dance Theatre se percibe en la atención a los procesos creativos, esos en los que el resultado no prefigura al trabajo colaborativo de los intérpretes, sino que son ellos quienes generan colectivamente la coreografía (Donat, 2021). En España, el interés por estos procesos ha ido madurando con la asimilación, más o menos intencionada, de la consciencia posmoderna. Hasta entonces, los creadores habían pasado muy desapercibidos durante toda la actividad procesual que materializa la sinceridad del impulso creativo. Sin embargo, poco a poco se ha ido implementando el protagonismo de esta fase, cuando los porqués del valor de la acción aún no han despegado del ámbito de lo informe. Una referencia clara a nivel nacional de esta apuesta se puede percibir en la trayectoria del colectivo Malpelo.

El problema llega cuando los artistas se ven forzados a dedicar una ingente cantidad de tiempo a tareas de gestión y acompañamiento artístico. Aunque esto ha permitido sostener el tejido cultural en cierta medida, a veces solo ha constituido un freno en los horizontes de la creación. En paralelo, hay una tendencia que busca optimizar los métodos de trabajo para desvelar un material coreográfico susceptible de ser aprovechado por el resto de la comunidad. El Mes de Danza ha mantenido durante muchos años un compromiso firme con esta idea, pero también se han dado ejemplos en otros espacios un poco más al margen de lo institucional. En esta dirección, acontecía la PENCCA (Proyectos Escénicos Nadando a Contra Corriente en Andalucía). Se trataba de unos encuentros de reflexión y pensamiento ubicados en un pueblo de Sevilla (Alanís de la Sierra) dirigidos por Guillermo Weickert entre 2014 y 2018 con el apoyo económico de la PAD y en codirección de Laura Lizcano. Debido a la insuficiente entrada de dinero que recibían, decidieron buscar financiación en otras entidades como FECED, SGAE, AISGE, Fundación Cruzcampo... Esta iniciativa arrancó para impulsar el centro de Alanís como modelo único de residencias ajeno a las aportaciones económicas de la Diputación y la Junta de Andalucía. El objetivo era dotar a la asociación de un contenido artístico desarrollado en colectividad, más allá de los aspectos sindicales y salariales que esto conlleva.

Fue un proyecto descentralizado de Sevilla en el que Arturo Fernández, un joven y arriesgado concejal de cultura de Alanís, que había sido alumno tiempo atrás en la Escuela de Teatro de Isabel Vázquez, convence a su pueblo para transformar la Ermita de San Juan en espacio de creación y un asilo abandonado en residencia artística. Aquello funcionaba como taller de investigación contemporánea en el que las cuotas de los alumnos inscritos se invertían a la semana siguiente en una jornada de reflexión y pensamiento (Acción y Reflexión). En un principio, este proyecto surge vinculado a la PAD para visibilizar al pueblo y poder asignarle un lugar en el mapa de la creación andaluza. La implicación social de Guillermo con la danza no es algo autoimpuesto o forzado, sino un comportamiento natural que ha ido asimilando de sus maestros (no hay que olvidar su participación en el proyecto de Rui Horta en O Espaço do Tempo, con el que se logró recuperar un monasterio abandonado y convertir todo un pueblo en un foco cultural todavía activo desde 2001). Es más, en 2013 coordinó junto al Mes de Danza una reunión multitudinaria en Metropol Parasol de Sevilla donde concentró «gran parte del acervo de la historia de la creación dancística contemporánea de la comunidad andaluz [...], testigo de un momento casi trascendental» (González 2014: 203).

Otros sitios interesantes que debemos tener en cuenta son los situados en «el extrarradio» porque pueden mantenerse un poco más apartados de los protocolos institucionales, y además son propensos a recuperar aspectos fallidos de la creación, aceptando el error y la equivocación como vehículos hacia un devenir coreográfico incierto. También en ellos se busca transmutar los momentos de euforia en concreciones coreográficas, a veces, impregnadas en misticismo y espontaneidad. Una referencia ejemplar en cuanto a la defensa de los procesos creativos se sitúa en un pequeñito pueblo de montaña cerca de los Pirineos catalanes denominado Celrá. Allí, se sitúa el espacio de L'Animal a la Esquena, baluarte de la actividad creativa y poética del colectivo Malpelo. Pep Ramis y María Muñoz decidieron hace dos décadas desprenderse de la velocidad de la ciudad para poner en funcionamiento un recinto en el que la prioridad artística residiera en el fluir orgánico de la intensidad creativa. Tras dos residencias en esta antigua masía, Teresa Navarrete produce en 2013 su obra *Salón Otto*. El contacto estrecho con este lugar, en el que todo discurre a ritmo de la naturaleza y la vida rural, abría camino a los límites de lo sensorial, y le ha permitido proteger, desde el sosiego y la introspección, la más pura esencia de la acción artística.

Tras empezar a rodar a finales de 2010 como área de creación, producción y exhibición en Belalcázar, La Fragua se consolidó a nivel internacional con una clara intención revolucionaria que apostaba por la experimentación artística contemporánea. La iniciativa independiente de Gabrielle Mangeri y Javier Orcaray logró que las monjas clarisas de Belalcázar les cedieran

Figura 12. *PENCCA* (Proyectos Escénicos Nadando a Contracorriente en Andalucía).
Fotografía de Guillermo Weickert

mediante acuerdo el Convento de Santa Clara del siglo XV para poner en funcionamiento un proyecto autogestionado, inmerso en el entorno rural y con implicaciones directas de la población local. De nuevo, un espacio descentralizado de la urbe, con tiempos y velocidades más pausadas, y cercano a los biorritmos naturales del ser humano. Entonces, en 2014 esta residencia de artistas da un paso más allá con la adquisición en la ciudad del antiguo califato omeya de Abderramán III de una sala satélite llamada Combo, con una programación definida abierta a todo tipo de proposiciones con el objetivo de aportar una mayor visibilidad a los proyectos de cara al resto del mundo. Sea en un sitio o en el otro, La Fragua hizo pasar por allí artistas como Israel Galván, Pedro G. Romero, Patricia Caballero o Natalia Jiménez, y también Irene Cantero, quien pudo consolidar durante un mes su obra en proceso *El vuelo* (2014), de la que hablaremos más adelante. En todo este tiempo, el ayuntamiento y la Junta ayudaron de una forma u otra a sostener esta plataforma de dinamización cultural pero que, desafortunadamente y una vez más, tuvo que cerrar de manera definitiva sus puertas en 2016.

La compañía de Omar Meza también ha subrayado su interés por generar contextos en los que involucrar agentes externos a la construcción de la obra, con la voluntad de desarmar la importancia del director especialista y delegar así los derroteros de la investigación coreográfica a personas corrientes, probablemente ajenas al ámbito sectorizado de la danza contemporánea. Por otra parte, Málaga, desde 2008 a 2013, fue un hervidero importante de artistas que se unieron para generar al margen de las instituciones una atmósfera cercana al teatro y la performance, invadida de propuestas que mezclaban todo tipo de creaciones y compañías. En una suerte de «casa de artistas» se montó un festival autogestionado que funcionó durante cuatro años y que transcurrió sin apoyo institucional. En 2010, se unen tres compañías (Bajotierra, La Caldera y Trasto Teatro) para montar un festival de escena alternativa llamado El Quirófano, sin ayuda económica en diferentes espacios de la ciudad. De aquí apareció algo que todavía perdura como eco.

Sin embargo, hay una contrapartida detrás de la apuesta por abrir los procesos: exhibir el cajón de sastre puede tener fatales consecuencias. No se puede obviar el riesgo de mostrar un proceso íntimo, vulnerable, en un contexto de ferias o festivales al que asisten programadores y agentes de la escena cultural. Fácilmente, estos encuentros pueden caer en la paradoja de convertir la obra en una pequeña función como estrategia defensiva del creador ante un momento de fragilidad. De alguna manera, el interés por el proceso destaca cuando los productos en forma de espectáculos son despojados de cualquier esperanza de rentabilidad, donde la aspiración de girar incontables veces una pieza no es sino una utopía que acaba por convertir el proceso creativo en el último baluarte del creador.

A cargo de Juan Luis Matilla, Roberto Martínez y Fran Torres, MOPA Producciones estrenaba en la Pista Digital de Sevilla para el Mes de Danza *Tus hijos me están jodiendo la vida* (2009). Poniendo en escena un disparatado montaje donde la carga caricaturesca, las muecas, los gestos exagerados se mezclan entre sí en un estado de unión y confusión, los intérpretes generaban un ambiente en el que, tal y como decía Goya, el sueño de la razón produce monstruos (para ello, el diseño de luces fue fundamental y estaba a cargo de Benito Jiménez, una figura imprescindible en cuanto a la iluminación y aspectos técnicos dentro del campo de la danza contemporánea andaluza). Lo importante era juntarse para trabajar y compartir procesos de creación, lo cual funcionó muy bien –a nivel de creación, pero no tanto de difusión y exhibición– porque coincidió con una época de mucha fuerza vital en todos sus integrantes. Se trataba de arriesgar, experimentar, asumir riesgos, jugar y divertirse desde la necesidad primitiva de hacer cosas –quizás por la falta de dinero y estructuras–, a lo que se añadía el carácter irónico que Fran Torres les aportaba con su faceta *clown*. No solo se encargó de poner banda sonora al espectáculo, sino que también se convertía en bailarín al que se le hacía danzar.

> Para un trabajo escrito, los espectadores saben que la composición que están viendo ha seguido todo un proceso de decisiones que han sido repetidas y reevaluadas. Estas repeticiones crean un pasado que puede llevar a la pieza a una cierta calma, aportarle una cierta autoridad; esto también puede hacer la lectura más accesible (Hamilton, 1997).

En todo el proceso, se desdeñaron las preocupaciones del error para poner fin al pensamiento racional y abrir paso a la creatividad sin orden establecido. Había mucha fuerza, incluso bestialidad en los movimientos, en correspondencia con la pregunta que se planteaban sobre qué pasaría si unos niños estuvieran en ausencia de adultos, sin el peso del compromiso y de las normas. Un *totum revolutum* lleno de humor en el que se intentaba poner orden al caos (de hecho, uno de los carteles promocionales del espectáculo era un disco de vinilo roto en diferentes trozos y pegado con cinta adhesiva). Desde luego, la metodología que usaron con base en el *collage* tenía sentido para una producción con grandes reminiscencias a los conciertos Fluxus y la New Wave neoyorkina de los años ochenta. Sin embargo, la pieza –que se caracterizaba por su ingenuidad despreocupada de normas y condicionantes externos– no dejaba de ser una investigación que funcionaba bien a nivel regional, pero no tenía suficiente madurez para ser exportada a otras localizaciones donde ya eran habituales este tipo de lenguajes. En cualquier caso, lo relevante fue que estrenaron una página en blanco que aún estaba por escribirse y constituyeron muy buen ejemplo de lo que estaba sucediendo a nivel regional en la década de los 2000.

Entre una cosa y otra

Como veremos en los párrafos siguientes, la tendencia a trabajar con tecnologías conlleva en la mayoría de los casos una coordinación con otras disciplinas que no pertenecen estrictamente al dominio de la danza. En esta permeabilidad se sitúan numerosas iniciativas que afloran desde actitudes posicionadas más allá de la zona de confort, interesadas en la desconstrucción de las fronteras del saber. Con el objetivo de abrir otras vías de creación, una gran parte de los protagonistas de la danza contemporánea andaluza participa en esa tensión producida entre las fuerzas del orden y aquellas que lo desafían. Desde el acercamiento a la noción de «habitus» desarrollada en la teoría sociológica de Pierre Bourdieu, ya se ha planteado la fricción entre las fuerzas normativas, que imponen códigos sociales y tienden a institucionalizar el cuerpo, y aquellas que van a contracorriente. Limitar el campo de actuación escénica es lo que se ha pretendido evitar en Andalucía, y para ello ha sido necesario saber alejarse de lo aprendido, desertar voluntariamente de aquellos estrictos aprendizajes introducidos en el seno de las enseñanzas dancísticas. La investigación, no solo en el ámbito de lo artístico, tiene lugar desde una puesta en crisis que no pretende seguir los cauces corrientes por los que discurre la producción de conocimiento, sino desviarse hacia lo inevitable, con el atractivo de aquello que queda fuera de la norma, lo impropio. En ella, la experiencia emocional juega un papel crucial para la transformación del tejido normativo de los sistemas ideológicos.

Un ejemplo paradigmático lo encontramos en la trayectoria profesional de Patricia Caballero, quien ha querido mantenerse fuera de los modelos habituales de danza para abrirse al mundo y encontrar nuevas posibilidades en las que poder conectar su movimiento tanto a lo espiritual como sagrado. En su actitud se intuye cierta proximidad con las proposiciones contemporáneas que llegaban de Norteamérica y de Europa central, lo cual no deja de ser una consecuencia lógica de los procesos de desterritorialización por los que sofisticados imaginarios colectivos se han ido diseminando a lo largo de toda la geografía mundial. Ya hemos mencionado el impacto (interdisciplinar) de las posmodernas americanas en las concepciones de otros cuerpos posibles para la danza. Deslocalizadas las industrias y dispersos los focos culturales, la mundialización vuelve las fronteras permeables y los mercados artísticos se interpelan mutuamente en un escenario cada vez más globalizado. Entonces, las poéticas de la imagen y del cuerpo viajan intentando ir más allá de su tiempo específico, aquel que expresa su propia historicidad geopolítica. «Las instituciones [...] favorecen los intercambios culturales. Los artistas jóvenes se desplazan para realizar su aprendizaje del arte [...] tratando de obtener de lugar en lugar, de beca en beca, la calificación de artista internacional» (Moulin 2012: 74).

Y ahí es donde Patricia Caballero destaca por su postura de oposición. Es el caso del tanteo que realiza en *Chronoscopio* (2010) hacia otras alternativas de exposición y presentación con las que el cuerpo subraya un movimiento carente de virtuosismo técnico. Ella no quería bailar, sino realizar un proceso de depuración de información, una limpieza a través del objeto. Luego, en 2012 estrena *Lo raro es que estemos vivos*, un grito a la vida en aquellos años en los que se hacían notar las consecuencias de la crisis inmobiliaria de 2008. Justo en el momento en que podía haber sido impulsada a circuitos internacionales, a largas giras europeas que la introducirían probablemente en dinámicas más comerciales, Patricia dice no y echa un paso atrás. Parecía paradójica su actitud. Pero lo cierto es que ya no admitía más estilos ni personalidades de otros bailarines, ni tampoco directrices que le señalaran cómo tenía que bailar, o peor aún, cómo debía ser. Porque en el fondo de sus llanuras abisales, allá donde la influencia exterior apenas llega, el punto de partida que impulsa su movimiento es absolutamente andaluz y emerge de su complejidad. Necesitaba comprobar cuánto de andaluza tiene su danza. Y con tal fin, inicia un periodo de autoanálisis con el que poder llegar a sus entrañas, sondear sus profundidades y descubrir desde dónde se origina.

> Al volver de México, mi tierra estaba llena de ancestralidad, solo que tan escondida, tan vieja, tan compleja de la mezcla que fue, que no había quien la cogiera por ningún lado [...], pero yo lo quería hacer, aunque no supiera por dónde empezar (Patricia Caballero, entrevista personal, 29 julio 2020).

Ella no entiende la crisis en términos económicos sino vitales, por esta razón genera un tipo de movimiento que emerge desde dentro. La indagación que realizó sobre los cantos españoles, sobre todo cuando empezó a frecuentar las peñas de La Caleta y las tertulias en Chiclana, marcará el trabajo de la artista en los años posteriores. De esta manera, ha conseguido canalizar a través del arte el flamenco escondido en el cuerpo inconsciente de los cantaores, su ancestralidad y sus orígenes mestizos. Instalada en una torre preciosa en el centro de la ciudad, Patricia no paraba de remover lo más profundo del arte español. Y un muy avispado Israel Galván, experto en este campo, supo darse cuenta de ello. Al margen de la anécdota en la que el bailaor pareció interesado en comprarle una alegría, la solicita como directora de escena con el fin de iniciar un proceso de depuración en su danza. «Yo sufría mucho bailando y he encontrado a mi médico del baile», decía Israel acerca de Patricia.

Vinculada al rito también se sitúa la granadina Laila Tafur. Para ella, el acto performativo se convierte aquí en una llamada a la alegría, en celebración. En sus esquemas mentales, etiquetar también es parcelar. Desde una idea tránsfuga de la creación, decide defender como valores la vulnerabilidad y permeabilidad como postura de oposición a las exigencias de control impuestas por nuestra sociedad. «Solamente puede haber un acto revolucionario si rompes un poco» (Laila Tafur, entrevista personal, 22 agosto 2020).

Desde hace bastantes años, su práctica se desenvuelve en una esfera interdisciplinaria que no solo guarda relación con el movimiento, sino también con el cante, la producción sonora, el pensamiento y la cultura visual. En el intercambio entre el cantar y el bailar se inserta una de sus últimas producciones, *Cobalto* (2020), en colaboración con Alba Rihe, miembro del grupo Las Bistecs, destacadas ya por su desvergonzada rareza. Desde ahí, se atreven a afrontar el territorio limítrofe que separa –y une– estos dos campos, pero cada una lo hace desde su bagaje personal. Con la ambición de cruzar ámbitos de conocimiento amplió su formación en un primer momento con el máster de Prácticas Escénicas y Cultura Visual, organizado por el grupo ARTEA de la Universidad de Castilla-La Mancha y el Museo Reina Sofía, y en segunda instancia, con el Programa de Estudios Independientes (PEI) del Museo de Arte Contemporáneo de Barcelona. El objetivo era enriquecer su trabajo con cierta perspectiva crítica, social y política, que la alejaran de la autorreferencialidad de la danza y el egocentrismo de su mirada.

Desde entonces, dirige los esfuerzos a garantizarse contextos de experimentación y juego con los que ampliar el espectro de lo sensible, siempre desde el saber de la experiencia, el placer y la aproximación *amateur*. Se siente buscando la estabilidad de lo inestable, lo que conduce a la actualización constante de sus teorías mediante prácticas del hacer sin saber hacer, con un desarrollo que adquiere sentido en el mismo proceso de la acción. Por este motivo le preocupa que la danza se convierta en un campo impermeable. Laila Tafur tiene claro que la esfera global de lo artístico está llena de fugas y contaminaciones, y sensibilizar al espectador en estas cuestiones se hace necesario a través de herramientas de concienciación. Reflexionando sobre el papel del público, conecta el compromiso de deber «estar en el arte» con la reivindicación de lo vulnerable y la fragilidad de los actos de libertad, que sin duda constituyen para ella los cimientos estructurales de una actividad creativa que se inserta en un marco de excesivo control social. Al manifestarse públicamente frente al espectador trata de contagiarle una experiencia –o sensación– de libertad, no solamente un placer estético o una proposición intelectual.

Su pieza *Mi arma* (2012), que pasó por los festivales de Cádiz y Sevilla y logró ser premiada como mejor intérprete en el Festival MasDanza, construye una escena que alude a las semejanzas entre el género cinematográfico del wéstern y el mundo flamenco, a partir de la elaboración de tres fragmentos que se enlazan entre sí. Cada fragmento constituye una suerte de paisaje alegórico donde la protagonista parece encarnar una cierta épica de nuestro país, a veces bajo una corporeidad descalzada y desplomada que (no) termina por integrarse en el contexto flamenco, y en otras, bajo el paraguas de una posmodernidad de corte americana que no cesa de desafiar al flaco y desértico panorama cultural andaluz con relación a la danza. Al principio, se encarga de deconstruir formalmente el antiguo protocolo escénico a través de lo que ha sido de manera voluntaria eliminado, esto es, la presencia de un cuerpo vertical que no está sino por su ausencia. La danza del desplome, cuya resonancia magmática apenas logra separar al cuerpo del suelo, cultiva un acto en apariencia fútil, insignificante, introducido en un marco social con aires de ritualización.

Situada en un punto que a la vez se encuentra dentro y fuera del referente, el recorrido artístico de Laila Tafur impulsa la reinterpretación de la historia mediante contaminaciones y superposiciones semánticas que parten de la imposibilidad de establecer un clasicismo inmóvil y esencial. Creemos oportuno recordar el caso de Vicente Escudero –cuyo papel dentro del flamenco se afianzó principalmente a partir de la publicación de su *Decálogo* en 1951, una suerte de texto sagrado del flamenco–, quien decidió obviar en su discurso todas las investigaciones vanguardistas, experimentales y rupturistas por las que pasó –en contacto además con la vanguardia parisina de principios de siglo XX– para lograr una historia de legitimación y pasar a ser reconocido en una España preocupada por la identidad, los orígenes, lo ancestral y lo puro (Romero 2013). Ha sido realmente en *Monstruo* (2016), su primera pieza larga, cuando Laila se ha atrevido a profundizar en la propia danza sin que ello constituya en sí mismo una meta. Una pieza bailada de maneras muy distintas en la que usa la voz mientras va agotando la danza, en el encuentro entre movimiento y sonido. Fue una pieza clave para la creadora, quien la considera un punto de inflexión en su carrera por estar trabajada desde los afectos y el desafío.

Artista interdisciplinar casi desde el principio, Irene Cantero ha ido desplazándose por diversas ramas del conocimiento de un modo orgánico y natural, comprometida con las derivas que le proporciona su intuición. Durante su etapa en Madrid estudió escenografía y coreografía, pudiendo profesionalizarse como iluminadora de espectáculos. Al no ser una coreógrafa muy prolífica, Irene dedica grandes esfuerzos en investigaciones que le ocupan buena parte de su tiempo, sin la obligación de responder periódicamente a las demandas del mercado en cuanto a una esperada cantidad de producciones

Figura 13. *Mi arma* (2012). Laila Tafur. Fotografía de Luis Castilla

escénicas. Entonces, se siente formando parte de un proyecto de vida, una investigación continua que perdura a lo largo de su trayectoria donde el cuerpo casi siempre está presente; no de forma principal o protagonista, sino como activador de significados. Su danza es una danza del futuro, recuperando las palabras de Jaime Conde Salazar, porque genera procesos continuos y convoca al espectador a participar en la construcción de una obra que se desvincule de la excepcionalidad del objeto único y su inexorable valor como mercancía. «La danza del futuro es una investigación, asume la incertidumbre propia de todo proyecto y proceso de producción de conocimiento [...] un organismo vivo y en constante transformación, que se nutre de las circunstancias y de la vida» (Conde Salazar 2018: 24).

Irene Cantero somete la elaboración formal de esa corporeidad a la función comunicativa y participa por igual en una relación a tres entre contexto, cuerpo y espacio. Sus experiencias cruzadas le dirigen hacia la desjerarquización de elementos escénicos tales como el cuerpo, la luz y cacharros electrónicos. Estos fueron los elementos principales que Irene Cantero manejó en *El vuelo* (2014), un solo en proceso premiado por las ayudas Injuve 2015 del Ministerio con el que profundizó en la relación entre cuerpo, movimiento y luz, consecuencia lógica de su trayectoria como iluminadora de espectáculos. El mismo hecho de haber trabajado previamente en los entresijos del escenario le ha permitido interesarse por otros conceptos que escapan a la maquinaria escénica clásica. Es por ello por lo que este espectáculo fue concebido para un marco no convencional, más allá de los límites dimensionados del teatro –lo consiguió presentar en una pista de pádel en el Festival Costa Contemporánea–. Aquí, se da sobrentendida la afectación que cada lugar ejerce al desarrollo mismo de la pieza, efectuándose de un modo natural e inmediato. Sin embargo, no es lo más importante. La finalidad no sería reformular simbólicamente un ámbito concreto, sino generar la condición de posibilidad para una acción social híbrida entre personas y disciplinas, que puedan originar un marco artístico donde los saberes vuelen con total libertad. Y claro, este universo se ofrecía al espectador después de haber llevado a cabo *La acción del suicidio* (2012), obra estrenada en Matadero de Madrid con música de Narcoléptica y con un lenguaje de instalaciones formales donde la danza no era el centro de todo –tanto es así que se interesaba durante unas cuatro horas por el acto que un cuerpo tiene que realizar para suicidarse, sin entrar en las razones o motivos psicológicos que esto conlleva–.

Y como resultado, llegó a *Saltar al vacío* (2012) donde los cuerpos de Mar Rodríguez y el suyo interactuaban in extremis en los límites físicos del objeto con relación al vacío, sin imponer temáticas precisas, pero orbitando en torno al acto de saltar –y también de caer, de ahí su relación con Yves Klein–. Con esta pieza, logró la beca Danceweb-Impulstanz de Viena además de colarse en alguna que otra galería de arte. «Con un tratamiento intenso y exigente del tiempo y el espacio, la sala de ensayos puede convertirse en lugar de creación [...] El arte surge en mitad del vuelo. No aparece en un estado de equilibrio y estabilidad» (Bogart 2015: 65).

En *El vuelo*, lo que en un principio pudo ser un germen sin contenido, restringido a una cuestión formalista, fue posteriormente transformándose para dotar de sentido a la obra, enriqueciéndola desde una perspectiva multidisciplinar: alusiones a los movimientos naturales de los pájaros, la representación gráfica de una jaula abierta, actividades desjerarquizadas en las que un técnico de iluminación o un participante del público adquieren la misma importancia que la propia coreógrafa, artefactos tecnológicos y proyecciones virtuales, el binomio artificial-natural...

Un complejo dispositivo que funciona como engranaje de una acción colectiva de orden mayor. La correspondencia con Atsuko Tanaka y su vestido eléctrico de 1957 se hace efectiva, salvo que en esta ocasión ya no basta únicamente con la presentación de un cuerpo material que convive casi en imantación con una materia tecnológica –en el caso de Tanaka, vinculado además a la tradición de vestidos de ceremonia japoneses–, sino que ahora entra en acción y coordinación con otros individuos, artefactos, contextos, experiencias dinámicas. Y a eso apelaba la artista japonesa y aquellos otros de su generación: abandonar la entelequia de lo cultural y llegar a una relación más armoniosa entre el mundo natural y el tecnológico, que tanta barbarie había causado en el país japonés a mediados del siglo XX.

Las hermanas Gestring (Greta García y Laura Morales) llevan consigo ADN mixto, específicamente posmoderno, desde el momento en que decidieron unirse en 2013 para afrontar nuevas vías de creación. La posición ecléctica de la que parten es de algún modo herencia de la crisis y la falta de esperanzas que se les mostraba cuando aún no habían terminado ni siquiera sus estudios. En consecuencia, decidieron optar desde sus comienzos por el manejo de formatos audiovisuales asequibles elaborados con herramientas al alcance de cualquiera: con cámara en mano se adentraban en redes sociales, plataformas de vídeo o aplicaciones de mensajería instantánea. Entonces, acudir a la inmensidad de las posibilidades performativas les venía como anillo al dedo. Además, les permitía enfocar sus trabajos hacia espacios expositivos que poco tenían que ver con el teatro tradicional. Este es el ejemplo de *Enfajadas* (2013), una danza performance surgida a partir de uno de los libros más conocidos del neurólogo Oliver Sacks, *El hombre que confundió a su mujer con un sombrero*. Las extrañas distorsiones perceptivas que sufren los protagonistas de las historias, condenados a una suerte de marginalidad, son tan extrañas como las excepcionales dotes artísticas que a su vez manifiestan. Lo marginal se convierte en moneda de cambio, en valor poético. Las Gestring representaron dos versiones de esta obra: la primera, en el hotel cultural La Caja Habitada, asociada al ciclo de los Encuentros Concentrados, y la segunda, en la galería Weber-Lutgen, que se abría a este tipo de propuesta a partir del ciclo Miradas de Mujeres. De este modo, supieron insertarse en redes y galerías de arte, así como en programaciones alternativas a los circuitos oficiales.

Con la performance *Pulquérrimas* (2015) lograron introducirse en Iniciarte, un programa más próximo a las artes visuales que a la danza contemporánea. En ella, tomaban como referencia la pulcritud con la que la iconografía religiosa ha representado tradicionalmente la imagen de las santas, a partir de la dialéctica cromática que los discursos pictóricos han perpetuado a lo largo de la tradición occidental. Santas y mártires de cabellos rubios y estéticas idealizadas en las que predominaba lo blanco como símbolo de clasicismo y pureza. «Queríamos ser pulcras, queríamos ser las más pulcras, queríamos ser pulquérrimas», decían las Gestring en el estreno. Sin embargo, la belleza sombría, aquella que aborda con curiosidad, empatía y comprensión lo que se sitúa fuera de las convenciones, se expresa tanto en la videoproyección como en la acción en directo gracias a una poética de contrastes. Las piernas accidentadas de las intérpretes, llenas de moratones y heridas, son el resultado de su propio martirio, aquel que realzan frente al blanco que predomina en escena. Y de ahí su consumación: el padecimiento de ser bailarina contemporánea en Andalucía les va progresivamente cubriendo de paja, otro material con carácter muy religioso, hasta quedar convertidas en una especie de espantapájaros. La condena de dedicarse a la danza contemporánea y el sufrimiento que esto conlleva quedan reducidos al esperpento. Ya solo faltaría prenderles fuego. Esta obra guarda estrechas similitudes con algunas propuestas de artistas visuales de los años setenta en las que el cuerpo ocupa el papel de objeto y sujeto a la vez, en convergencia con las leyes de la naturaleza –véanse las obras de Ana Mendieta en las que la relación entre arte y vida acaba por volverse agresiva contra ella misma, o más estrictamente en el contexto español, las de Fina Miralles, quien presentaba en 1975 la acción *Relacions. Relació del cos amb elements naturals. El cos cobert de palla*–.

Poco tiempo después, las hermanas Gestring ganan el certamen coreográfico de Madrid Pasoa2 con la pieza *Good girl* (2016), una obra corta pensada para sala y adaptable también a la calle que se inspira en la fatalidad biográfica de la Grecas –Tina y Carmela– justo en el momento en el que el gobierno español mantenía el nivel 4 de alerta antiterrorista a raíz de la ola de atentados que sacudieron Túnez, Francia y Kuwait. Como consecuencia de este trabajo, Laura Morales consigue el premio de la Fundación AISGE por una bailarina sobresaliente con el que asiste al American Dance Festival en Durham (Carolina del Norte), y posteriormente al Movement Research en Nueva York, y Greta García logra la Beca DanceWEB 2017 en el marco de ImPulsTanz –Festival Internacional de Danza de Viena–. Por si no fuera suficiente, también recibieron la beca Tanzhaus en Zürich, que aprovecharon

Figura 14. *La acción del suicidio* (2012). Cartel de la programación de la Asociación Cultural Dello Scompiglio. Fotografía facilitada por el Centro de Investigación y Recursos de las Artes Escénicas de Andalucía (CIRAE)

para gestar su primera pieza larga llamada *A muerte* (2018). Con ella, se introducían en el mantra de ir a por todas con una producción muy *borderline* en la que se automatan para ir de viaje al inframundo. A partir de esta residencia, empezaron progresivamente a introducir el canto y la voz en sus trabajos, para criticar y reírse de todo desde un espíritu muy burlesco donde la música se convierte casi en un manifiesto. El cuerpo a veces no es suficiente y necesita la voz para adentrarse en la experiencia lúdica del ritual y alejarse a su vez de la caprichosa búsqueda de realidad tan perseguida por la danza posmoderna americana. En las creaciones de Laura y Greta, el «hacernos creer» que es «de verdad» es, de algún modo, necesario para aportarnos una estrategia que amplíe nuestras posibilidades cognitivas y vaya más allá de la idea –limitada– que tenemos de la verdad.

«El *make believe* teatral despojado de la exigencia de seducir es un mecanismo que crea condiciones de posibilidad. [...] De lo que se trata es de creer que eso que se presenta ante nosotros (tenga la forma que tenga) es cierto y revela algo que es posible» (Conde Salazar 2018: 44). Por esta razón, sus espíritus surrealistas se lo toman todo a juego –de ahí el uso de estrategias *clown* y vestidos estrafalarios–, para abordar temáticas trascendentales mediante humor e ironía (por cierto, una estrategia muy habitual en el colectivo de creadores andaluces). Idas y venidas entre el dispositivo de sacrificio y el de profanación (en palabras de Agamben), esto es, pasar de lo profano a lo sagrado para, posteriormente, plantear una estrategia de resistencia que devuelva a la cotidianidad profana eso mismo que le ha sido arrebatado (Agamben 2014: 21). Y desde luego, ofreciendo una alternativa de lentitud y repetición que poco guarda relación con las dinámicas operativas del capitalismo tardío. La imbecilidad, el absurdo, el disparate y la provocación, como en Ubu Roi, están presente en las Gestring para celebrar a la vez, tal como decía el poeta dadaísta Hugo Ball, una bufonada y una misa de réquiem.

Manuela Nogales es una de las imprescindibles en el contexto andaluz. Y el Teatro Central lo sabe, de ahí que apoye regularmente sus creaciones. A pesar de haber superado los veinte años de la fundación de su compañía, las dificultades y la falta de estabilidad no han desaparecido en la carrera de esta coreógrafa que no cesa de trabajar sin interrupción. En vaivenes interdisciplinares se sitúa la pieza *...En lo humano...* (2010), articulada sobre la base de los géneros esenciales de las artes plásticas, el bodegón. En ella se exponen cuerpos desnudos que se separan de la desnudez y se asocian a la tradición –pictórica y dancística– a través de una estrategia de duplicidades en la que se hace convivir lo vivo y lo muerto, cuerpos reales con representaciones escultóricas (la influencia de René Magritte se constata en la interacción de la imagen dentro de la imagen). Manuela considera que existe una condición de hermanamiento entre la pintura y la danza, sobre todo cuando comparten el cuerpo como tema común. Para ello, acude a nuestra herencia cultural, al patrimonio

Figura 15. *A muerte* (2018). Las Gestring. Fotografía de Carolina Cebrino

grecolatino del que disponemos, para revisar la modernidad desde una mirada autocrítica que filtra y revisa la historia anterior. Los cuerpos escultóricos, expuestos en ocasiones mediante binomios, recuerdan a la concepción escultórica de artistas como Gilbert & George, aunque en este caso muy alejada de la serialización formal de carácter deshumanizante. «Con cierta estética informalista que recuerda a reminiscencias poéticas de Tapies o George Mathieu, continuaba la línea de su proyecto anterior *La huella intermitente* (2008)» (González Castro: 2021).

En consecuencia, hay una especial atención por el fragmento corporal, en este caso el torso, para hacerlo depositario de la vivencia total del individuo completo. Se podría decir que, desde una postura contraria a la teoría constitucionalista de la materia[3], la obra plantea precisamente una alternativa, o al menos, su problemática: «la totalidad de la experiencia no depende ni del organismo como un todo ni de una parte del organismo» (Vicente y

---

3. La teoría constitucionalista o de la constitución material planteada por Lynne Rudder Baker defiende una relación de constitución entre personas y cuerpos. Ambos generan ciertos grupos de propiedades mentales específicamente asociados con ellos y, por consiguiente, los dos son portadores de propiedades mentales. Según Baker, una entidad tiene propiedades esenciales o también llamadas no-derivativas, y otras heredadas de aquello que la constituye –derivativas–, lo que implicaría una relación de constitución entre personas y cuerpos. Lo propio de la persona es la capacidad de tener autoconciencia y el cuerpo la constituye, pero no es en sí mismo un cuerpo personal.

Sampedro León 2014: 170), igual que tampoco depende de la persona como ser pensante, sino de un sujeto indivisible de experiencias, «de mí como posesor unitario de experiencias, [...] todo portador de estados mentales ha de ser simple». Incluso los estados mentales vinculados a cada torso, asociados a una materia y a un ser autoconsciente concreto, cambiarían dentro del mismo organismo si alguno de sus elementos se viera modificado –podríamos decir que se convertiría en otro sujeto distinto–. Para Manuela Nogales, el cuerpo humano es algo sagrado –aunque siga siendo un campo de batalla–, y no se puede degradar ni subordinar al grado de constituyente de un sujeto, sino que, por el contrario, es un cuerpo personal. En este trabajo, cada torso es una persona y una materia física concreta que lo diferencia del resto de torsos de otros bailarines. Cada uno contendría un universo propio, siendo sujetos indivisibles de experiencias. Entonces, adquiere sentido la multiplicidad de fragmentos y experiencias que Manuela coloca en escena, porque refuerza el contenido y despliega su semántica.

El distanciamiento de lo narrativo daba entrada a la deconstrucción y a la ruptura de lo propio. La huella del despropósito se hacía patente a través de la mancha, testimonio simbólico de un exceso que anima a ir más allá de las prescripciones establecidas. Intentando situarse en los pliegues de la investigación escénica, allí donde los bordes marcan una determinada fractura entre lo habitual y lo que queda fuera de la norma, la actitud performativa de los intérpretes surgía como revisión del lenguaje coreográfico de la danza. El aspecto plástico que Fernando Roldán producía en presencia y afectación de otros cuerpos danzantes le permitía encarnar un proceso creativo alejado de la intimidad del estudio, gracias a un diálogo de ida y vuelta que iba transformando el signo gráfico –aquel constituido en una primera instancia por garabatos abstractos– en un símbolo reconocible del desafuero: un bodegón. Por tanto, la paradoja se hace presente: el bodegón ya no hace referencia a un mundo inerte en desvanecimiento, sino al desbordamiento de la vida necesaria durante el proceso de construcción escénica. Utiliza la imagen de la naturaleza muerta para despojarla de su carácter perecedero y reinterpretarla con una experiencia que está más viva que nunca. La utilización de materiales reales para crear el bodegón tiene lugar a la vez de la representación pictórica, en un juego de duplicidades donde la aparente tautología pierde su defecto al generar una alternativa, una distinción, un matiz inesperado.

Xavier Le Roy: «Fallé en repetir lo mismo, pero en cierto modo repetía la diferencia» (Cvejic 2014: 158) (traducción del autor). Mientras que ...En lo humano... trataba la relación entre cuerpo y pintura, *De muebles viejos hacerse un árbol* (2015) abordaba el conjunto cuerpo y palabra, a través de una aproximación a la obra poética de Anne Sexton. Además de su universo poético, Manuela Nogales se interesaba no solo por la lucha contra sus circunstancias personales –las cuales eran del todo desfavorables para una mujer que sufría de bipolaridad a la vez que era rechazada en un mundo absolutamente dominado por lo masculino–, sino también por la corporeidad presente en sus poemas, como sucede en *Celebración de mi útero*. Considerando la evolución lingüística que Sexton desarrolla a lo largo de su trayectoria, *De muebles viejos...* corporiza la palabra, diciendo y viviéndola a través de doce mujeres intérpretes presentes en escena. Manuela se desliza por el plano de la abstracción, allá donde lo obvio se relega a un segundo plano en favor de la metáfora; un contenido simbólico compartido entre danza y poesía para experimentar la palabra desde una perspectiva feminista que pretenda visibilizar la obra de mujeres invisibilizadas.

La inclusión de formas orgánicas, compuestas por tejidos que encierran y envuelven una base con claras alusiones a lo femenino, conectan la plasticidad de la escenografía con producciones neoconcretas de artistas como Lygia Pape, u otras de Louise Bourgeois o Eva Hesse. Como alternativas al *minimal* ortodoxo estrictamente norteamericano y masculino, estas creadoras propusieron un mundo cálido de literalidad para alcanzar lo propio, la metáfora, con implicaciones más humanas en la obra de arte (De Diego 2015: 100). De hecho, el tratamiento del cuerpo aséptico –o cuerpo bisturí– que vemos en esta producción de Manuela Nogales, con el que se dirigían movimientos corporales mediante el empleo de un bastón a modo de varita mágica, creaba puntos distanciados de «sin-tacto» que imprimían órdenes en las intérpretes. Sin embargo, la estrategia de inversión se efectuaba gracias a una dramaturgia muy visceral, vulnerable y femenina que incorporaba connotaciones atribuidas a la mujer durante siglos por la historiografía y teoría del

Figura 16. ...*En lo humano...* (2010). Manuela Nogales. Fotografía de Juan Antonio Gámez

arte. Elementos bulbosos, protuberancias, patatas y bultos conformaban una escena de extirpación –o implantaciones– donde la mujer se reducía a volumen, a objeto. Toda una serie de formas circulares presente en *De muebles viejos…* revisaba los códigos arraigados en nuestra cultura occidental, a la vez que nos recordaba cómo conviven modernidad y contemporaneidad en la trayectoria de Manuela, por lo general, con una relación de toma y daca en la que se atraen y repelen al mismo tiempo. La multidisciplinariedad es una característica constante en las producciones de esta creadora, quien en 2010 fue capaz de realizar una singular colaboración a nivel internacional con Hybrid Company de Bruselas para crear en simbiosis *Dentro por Fuera-Fuera por Dentro*, y posteriormente en 2017, de nuevo con tintes híbridos, el trabajo *Silencio & Ruido* (2017) para conmemorar junto a cuatro intérpretes de Andalucía los veinte años de actividad de la compañía.

Tras haber salido de su tierra natal en La Rioja y haber estudiado Bellas Artes en Bilbao, Roberto Martínez comienza a construir el que ha sido uno de sus solos más antiguos, pero quizás más duraderos. *El pintor y la modelo* arranca en 2007 como una investigación interdisciplinaria sobre pintura y movimiento, estrenado en el CAS en colaboración con el bajista Pablo Peña. Consiste en un autotaller portátil con bastidor de madera y suelo de cartón efímero sobre el que va bailando, dibujando y pintando mediante una improvisación que indaga en su manera de entender la danza según el momento en que la está realizando. Gracias a la versatilidad performativa de esta producción, pudo llevarla con éxito a una gran cantidad de festivales de calle. Roberto considera este trabajo como un proyecto de vida; de hecho, le ha ido acompañando durante toda su trayectoria y piensa seguir repitiéndolo a lo largo de los años, incluso en la vejez si las condiciones se lo permiten –su última actuación la realizó en 2017–. Con un cierto aire autobiográfico, y orbitando en torno al género del retrato pictórico, el coreógrafo reparte cuatro figuras dibujadas por el lienzo para invadirlas posteriormente por ingentes cantidades de pintura. Como si se tratara de un truco de magia, su autorretrato aparece. Sin detenerse un instante a contemplar su rostro durante el espectáculo, el creador pinta –en movimiento– una idea, la imagen mental que él mismo se ha construido de sí. Manteniéndose fuera de la representación fidedigna de la realidad su retrato es psicológico, una imagen de la incertidumbre que nos obliga a buscar(la) y descifrar(la) entre huellas y pinceladas –porque también usa sus manos como pincel–. Un desdoblamiento fantasmal –mitológico si se quiere– de una imprecisión formal que da fórmula discursiva a toda una verdad psicológica.

Una de las futuras promesas de la interdisciplinaridad es la joven compañía Rosa Cerdo, fundada en 2014 por Silvia Balvín. La fructífera relación que ha mantenido con el músico Alberto Almenara le ha llevado a presentar diversas piezas cortas de carácter multidisciplinar en ciclos como los Encuentros Concentrados, y también obras de gran formato como *ALF* (2014), la cual partía de la idea y la sensación de decepción, algo que de pronto sube vertiginosamente hasta desinflarse por completo. Esta obra estaba compuesta en seis actos y cada acto se iniciaba rompiendo una piñata, a veces de escayola, otras de cartón y papel de seda. La agresión era como ir contra la esencia de la idea original, una especie de ruptura del alma figurada mediante la violencia contra el *attrezzo*, en cuyo seno contenía la decepción de reconocer que en algún momento la muerte llegará. No se trataba tanto de enfrentar el miedo a la muerte como de reconocer que ciertas expectativas nada tienen que ver con el resultado final. Entre el entusiasmo y la desesperanza, la obra adquiría un tono pueril cercano al juego, a la estética de del cómic y a la memoria monstruosa infantil.

Poco tiempo después presentaron *Hovering* (2019) junto a la colaboración dramatúrgica de Alberto Cortés. Partían del intento de conectar unos fanzines interactivos que entregaban al espectador a comienzo del espectáculo con un desarrollo escénico que no restara fluidez a la pieza. La influencia del cómic emergía desde la secuencialidad, vinculando imágenes y movimientos. Vuelo de levitación, a veces estático a veces inestable, y estado de agitación mental vinculado a la indecisión: eso es lo que significa «to hover». Se comprende que hubiera entonces una cercanía al mundo de la hipnosis, la fantasía y el humor, partiendo de un procedimiento muy casero que dejaba entrever la intencionalidad de la ficción, el misterio del ilusionismo. Por tanto, aparece de nuevo el querer y no poder, el contraste entre la pretensión y el resultado que finalmente se obtiene.

Figura 17. *Hovering* (2019). Compañía Rosa Cerdo. Fotografía de Alberto Almenara

Tecnologías del movimiento

Las relaciones entre danza y tecnología ya venían siendo una temática recurrente años atrás. A decir verdad, el propio Mes de Danza dedicó su edición de 2010 a visibilizarlas. Curiosamente, la pieza que inauguró esta edición fue *Solo*, un montaje de Israel Galván caracterizado por la ausencia total de tecnología (esto es, sin considerar al cuerpo como aparato tecnológico en sí mismo). A la hora de afrontar las incorporaciones tecnológicas efectuadas al cuerpo de la danza, parecía necesario establecer un punto de partida que defendiera con urgencia lo que hasta entonces había constituido la esencia misma de toda danza. Desde ahí, se pudieron mostrar interacciones del cuerpo con dispositivos electrónicos, imágenes proyectadas y diseñadas por ordenador que interpelaban directamente la poética de los espectáculos con numerosas herramientas que se ponían al servicio de los procesos creativos más recientes. Sensores, ordenadores, *softwares*... todo se llenaba de cables y electricidad.

Una de las piezas que se estrena a comienzos del periodo que abordamos fue *Life is not go with the Flow* (2008). Dirigida por Guillermo Weickert, en colaboración con María Cabeza de Vaca y Vitor Joaquim en el manejo de la música electrónica, el trabajo prolongaba la línea de investigación abierta anteriormente en *Go with the Flow* (2007), donde la preocupación por el espectador era tan crucial que incluso podía desencadenar la catástrofe de sentirlo ajeno: «una insignificante pero determinante anécdota que me llevará a sentir que la persona que se sienta delante de mí es la más extraña del mundo». Buscando la interdisciplinaridad y la incorporación de tecnologías, este trabajo supuso el acercamiento del creador a tierras andaluzas, con el que además debió hacer malabares para adaptarlo al marco legal que aceptara el cruce de financiaciones recibidas tanto de España como Portugal. La propuesta de encajar como inevitable el devenir azaroso de los acontecimientos en el fluir natural de las cosas podía detectarse en el espectáculo como perturbación de la lógica lineal y plana del tiempo escénico, además de un juego de simultaneidades con las voces y la identidad de los intérpretes. Sin embargo, no será hasta 2009, tras su participación como bailarín en una obra de Isabel Vázquez, cuando comience a instalarse más a menudo en Sevilla para dejar a un lado el exceso de responsabilidades que le impedían concentrarse plenamente en las necesidades de la obra artística.

A raíz de su pieza *Días pasan cosas* (2010), estrenada en el CAS como work in progress, Guillermo Weickert se acerca a procesos más largos –y detenidos– de la creación, desde los que generar un vínculo de intimidad específico con cada intérprete para desencadenar una conexión emocional con el espectador. A partir del ensayo *El sistema de los objetos*, de Jean Baudrillard, reflexionaron sobre los distintos usos que mantenemos con los objetos cotidianos, sus implicaciones simbólicas y las historias escondidas que hay detrás, desplazándose hacia un plano más amplio de consciencia sobre la esfera de lo ordinario. Algo parecido a lo que desarrollaba Heidegger cuando hablaba de la cuaternidad, esto es, las cuatro formas de preservación que tienen que ver con el habitar entendido como un construir. En ello, es fundamental la permanencia junto a las cosas, y que esta garantice, según el escritor, su preservación y cuidado, permitiéndoles a ellas mismas ser en su esencia, manteniendo lo que les es peculiar y distintivo (Heidegger 2015: 21). En esta dirección, las relaciones con los objetos demostraban un tipo de estructura familiar y social que tenía que ver con una época determinada. Y a Guillermo le interesaban precisamente aquellas con formas de sociabilidad un tanto lúdicas que de algún modo permitieran despertar al cuerpo de las operaciones automatizadas a las que se ha ido sometiendo con el paso del tiempo. En el compromiso con lo sensorial y la ficción tecnológica del espectáculo, se fragmentaba cualquier narratividad que impidiera al público identificarse con los aspectos emocionales que se exponen en escena.

En este ambiente fructífero, el que surge de la fricción entre imágenes visuales y cuerpos en movimiento, también se sitúa la investigación de la bailarina María Cabeza de Vaca en colaboración con la artista plástica Ro Sánchez. Habiendo trabajado juntas por primera vez en La Imperdible –hay que recordar los innumerables acercamientos a la danza contemporánea que se han producido en esta primera gran sala de teatro independiente inaugurada en 1990 en Sevilla–, decidieron unirse de nuevo en torno al año 2008 para iniciar una etapa de investigación en la que poder apartarse del producto escénico. Aunque buscaran contaminar sus metodologías y enredar sus quehaceres artísticos, la prioridad no se centraba tanto en atraer un lenguaje definido como en elegir a la persona concreta. No buscaban formalismos sino identidades, diálogos de individualidades en un tiempo lo suficientemente prolongado como para asentar con firmeza un proyecto colectivo. El inicio de esta etapa de investigaciones transdisciplinares conformó la obra *I am bored* (2009), estrenada en el CAS dentro de la programación En Danza Itinerante. Con este *work in progress*, las creadoras dispusieron de tiempo suficiente para

Figura 18. *Días pasan cosas* (2010). Guillermo Weickert. Fotografía de Luis Castilla

aburrirse y encontrar salidas al aburrimiento. Y no fue menos. La pieza logró entrar en el catálogo AECID que daba opción a giras internacionales por distintos países de Latinoamérica, como México, Santo Domingo o Guatemala.

Concebida como plataforma de interacción en la que diluir los imaginarios personales, esta obra se articulaba alrededor de tres conceptos principales (el miedo, la muerte y el sexo) de tal forma que destacaba el contraste entre lo profundo y lo superficial, una constante en la carrera artística de María. Un conjunto de imágenes proyectadas era producido en directo por Ro Sánchez, en ocasiones pintando y manipulando a modo de *collage* hasta conformar un paisaje visual, muy pictórico, a partir del cual la danza de María se beneficiaba de la prerrogativa de las viejas tecnologías. Y decían «viejas» para llevar la contraria. La intención era recuperar procedimientos tradicionales y artefactos antiguos para adherirlos a las innovaciones del momento, en pleno auge precisamente de lo contrario. El mito de la caverna de Platón se entreveía en unos juegos de sombras en los que realidad y ficción se fusionaban en un mismo plano, seguido de alusiones un tanto rizomáticas a órganos sexuales femeninos con un *background* de escenografías ovulatorias. Aquí, la imagen no ilustra ni sustituye, sino que acompaña: cuerpo e imagen se complementaban en la construcción de una idea común.

Este espectáculo sentó las bases no solo de *Paisaje perfecto* (2012) –otro *site specific* con intervenciones singulares de una media hora de duración en diferentes espacios como museos, patios, jardines... que se reinventaban desde una convivencia entre imágenes y danza– sino también de *Alégrame el día* (2012) –trabajo íntimo acerca del concepto de la perfección que se sumerge en el universo personal de sus creadoras y sus deseos más profundos, oscuros, abstractos–. En este último, la música es estructural, como sucede en las primeras obras de Anne Teresa de Keersmaeker. La influencia del *minimal* repetitivo norteamericano también se percibe en las relaciones de autonomía entre música y danza, evitando que la primera sirva de determinante en la aparición del gesto coreográfico. Entonces, el movimiento se aparta de los grupos rítmicos generados por las figuras musicales sin que existan correspondencias de manera estrecha. La coincidencia, fortuita o no, sucede a nivel estructural con base en otras prescripciones menos evidentes de las que surge la idea. Por este motivo, también parece adecuado establecer como paisaje perfecto el concepto de paisaje sonoro, muy habitual en obras de coreógrafos archiconocidos como William Forsythe, donde la música ayuda a crear un clima emocional que complementa a la danza, pero a la vez le permite mantener una relación de independencia. De hecho, en un momento dado, María baila una canción de Dick Dale que podría acercarse a una coreografía musical, mientras que Ro Sánchez dibuja algo parecido a una celda, proyectada en tiempo real en compañía de vídeos de un combate de boxeo.

Por tanto, alusiones a la jaula, lo restrictivo, el conflicto violento, adquieren una mayor magnitud frente a una danza –feliz por momentos– que se mantiene corporalmente libre, pero en ocasiones, dirigida por la música y visualmente aprisionada por un juego de vaivenes entre llenos y vacíos. El dibujo en vivo, además, se desenvuelve con una estética muy líquida, de diluciones en horizontal que expanden la tinta por una superficie de inundaciones cromáticas. No deja de resultar curiosa la relación con lo acuático (el «awa», tal y como se lee en la proyección), no solo por la referencia del éxito «Let's go trippin» del músico Dick Dale, pionero de la música surf californiana basada en instrumentales que evocaban el sonido de las olas en sintonía con la cultura surf, sino por la presencia de una piscina hinchable instalada directamente en mitad del escenario, o incluso los sonidos de gotas, charcos o acumulaciones acuáticas.

El cubo blanco, aséptico, es el modelo de habitáculo que se repite hasta en seis ocasiones contiguas en la reciente propuesta de Candela Capitán, una joven andaluza que recién llega al cuarto de siglo traspasando tantos límites cuantos se ponen a su alcance. *Lesionada Sanatorium* (2021) ha sido escogida por el Centro Nacional de la Danza de París como *work in progress*, un videoensayo encuadrado en una retícula arquitectónica modular que funciona como «museo patológico vivo, un lugar ambiguo en el que se exhiben encerrados y vigilados cuerpos lisiados, locos, medicados» (Gómez Gabriel 2021). El proyecto no solo roza los límites de la danza sino también de la identidad,

Figura 19. *Alégrame el día* (2012). María Cabeza de Vaca y Ro Sánchez. Fotografía de Luis Castilla

a partir de una aproximación a cuerpos que se han visto desplazados al margen de lo normativo, clasificados como patológicos. Esta idea fue consecuencia de sus experiencias en la plataforma webcam Chaturbate, de porno 100 % *amateur*, en la que Candela llegó a participar como anfitriona durante una semana. Asimismo, la retícula arquitectónica se convierte en prisión de la corporeidad, en contención geométrica de los dramas de la existencia en cuyos receptáculos se manifiestan dispositivos de vigilancia y control del llamado poder terapéutico. Y por dispositivo podemos aplicar aquí las definiciones que realiza Agamben con relación a los textos de Foucault en cuanto a una red heterogénea que incluye «discursos, instituciones, edificios, leyes, medidas de policía, proposiciones filosóficas...».

La retícula no se aplica entonces más que en un sentido posmoderno, sin guardar relación con los planteamientos teóricos que Rosalind Krauss elaboraba cuando se refería a la cuadrícula como el recurso formal de una modernidad pictórica que veía en esta geometría un reflejo del mundo espiritual y trascendente, con una estructura mítica que hacía convivir la contradicción entre su pretendida espiritualidad y su innegable materialismo. Aquí esa contradicción no es posible, no se permite, y menos aun cuando la dramatización de los cuerpos visibilizados es análoga a la vulnerabilidad de aquellos que fueron marginados por la sistematización médica del momento, en base a la prerrogativa de los considerados sanos.

Por otra parte, el imaginario que envuelve la obra tiene su correlato en la comparación, diferenciación y exclusión de la corporalidad en las sociedades actuales, y más concretamente en el ejercicio de las redes sociales. Candela investiga las condiciones de vida de las internas del Hospital de la Salpêtrière para reflexionar mediante una estética impoluta de los horrores acerca del horror femenino, el consecuente desplazamiento de sus cuerpos al ámbito de lo subalterno y el empoderamiento de perniciosos mecanismos de control tecnológicos que a día de hoy siguen coartando la libertad de expresión. De hecho, la carga conceptual se refuerza con la teletransmisión *online* de seis mujeres encerradas en la retícula de la pantalla que son exhibidas virtualmente como si se tratara de la esclavitud de Saartjie Baartman, más conocida como la Venus negra Hottentote, quien fue mostrada en las ferias europeas de principios de siglo XIX como espécimen de lo monstruoso. Salvo que, en esta ocasión, difundido en la instantaneidad omnipresente de la red virtual.

Helena Martos también construye junto a su hermana Julia una obra que, sin disponer de un tema específico como tal, plantea una dialéctica lo suficientemente potente en sí misma entre cuerpo y cámara como para que constituya el propio tema de la obra. *Cartografías Derivadas* (2013) destapa las contradicciones de la imagen –tradicional y tecnológica–, entre lo que aparece y desaparece, lo tangible y lo difuminado, con relación a la infinidad de recursos escénicos que puede llegar a aportar la videodanza. De esta manera, juegan con registros en directo, proyectan, manipulan y provocan resignificaciones con las que afectar al cuerpo a partir de esas fricciones.

En colaboración con los vídeoartistas Javier Vila y Juan Domínguez, Raquel Madrid se adentra con *Tratado abreviado de sueños de andar por casa* (2010) en un mundo tétrico de fantasmagorías y espejismos que absorben por completo la presencia corporizada del cuerpo de la danza. Este formato más próximo al videoarte tuvo muy buena acogida y fue diseñado a modo de *site specific* para el patio interior de la antigua Real Fábrica de Tabacos (actualmente sede de la Universidad de la Sevilla), donde cada elemento arquitectónico adquiría importancia gracias a las proyecciones de video-*mapping*. La inmutabilidad aparente de la arquitectura se veía desdoblada y desdicha en una pieza nocturna que desplazaba al visitante de su zona confort hacia el plano, a veces onírico, de la pesadilla. Esta Creación en Proceso encargada por María González para el Mes de Danza tuvo su ampliación unos años después en *Tratado de sueños de andar por casa*, cuando Javier Vila y Raquel Madrid se vuelven a unir en «una pieza de danza y *live cinema* que invita al espectador a experimentar un viaje alegórico de origen tardo–medieval». Sus directores partieron de los «decires narrativos», un género literario del siglo XV en el que los protagonistas eran guiados por distintos viajes iniciáticos para sanarse a través del error y la equivocación. Y, para ello, decidieron desarrollar unos recorridos simbólicos por las distintas estancias del Monasterio de San Isidoro del Campo en las que conducían al espectador hacia un hipotético descenso a los infiernos y culminaban en una posterior redención.

Con relación a los retos escénicos de Andalucía, en Sevilla se preparaba además una ampliación del palacio de FIBES, hipertecnológico y polivalente, que se sumaba al conjunto de teatros y salas de la ciudad. De dimensiones descomunales y con ciertos aires de megalomanía, el auditorio del Palacio de Congresos estaba a pocos meses de estrenarse como uno de los principales espacios de Europa y el mayor de toda España, con la idea de recuperar la magnificencia tecnológica perdida por la ciudad tras la celebración de la Expo 92. Todo parecía caminar hacia el éxito, más aún cuando los organizadores de Mercartes 2010 (Mercado de las Artes Escénicas) señalaban que «a dos meses de la inauguración ya se habían contratado más metros cuadrados que en toda la edición anterior», iniciando además los primeros pasos hacia la internacionalización (Teatral 2010). Es, además, coincidente la correlación de estos hechos con los años de maduración del proyecto de «cápsulas» organizadas por Anna París, cuando la fórmula empleada hasta entonces empezaba a demandar una infraestructura mayor que pudiera, entre otras cuestiones, abordar las necesidades ambiciosas que requería no solo a nivel económico, sino también de gestión administrativa. La propuesta crecía como la espuma, y aun contando con el apoyo del CICUS y Eléctrica Cultura, la organización del Certamen Nacional de Cápsulas se hacía cada vez más complicada, lo que, a falta de recursos, condujo a su última edición en el año 2012.

A nivel de infraestructura y gestión de recursos para el movimiento, Salud López también se comprometía en 2009 con la Pista Digital, un proyecto de ocupación simbólico-espacial en el que transformó una antigua pista de coches de choque, o coches locos, en un lugar de tecnologías punteras para el desarrollo escénico. Tras la decepción sobrevenida por el final de la Sala Endanza, y teniendo en cuenta que las especulaciones inmobiliarias del momento giraban en torno a la demolición del edificio para construir aparcamientos, Salud López decide invertir sus esfuerzos en una iniciativa que no se pudiera demoler; en el peor de los casos, desmontar. La idea que daba solidez a la iniciativa era muy poética: disponer en cualquier lugar y a cualquier momento de una pista material que hiciera de la danza una realidad plenipotente. Esta suerte de *transformer* itinerante, destinado a crear emplazamientos inhabituales para las artes escénicas, consiguió ser un referente en la búsqueda de normativas urbanas en cuanto a la ocupación temporal de solares y la modificación de las mismas para usos alternativos del espacio urbano (LaboratorioQ 2010).

Desafortunadamente, este espacio-frontera no fue bien asimilado por las instituciones andaluzas y la dificultad de su gestión acabó por agotar la paciencia de la coreógrafa quien terminó, una vez más, abandonando España en busca de oportunidades en el extranjero. A partir de su experiencia nómada entre Toulouse, Lisboa, Granada y París, donde montó una empresa dedicada a las residencias artísticas, arranca su propuesta de montar un laboratorio con el que poder financiar la obra Parad iso. Se trataba de una creación en proceso en el cruce entre danza y tecnología multimedia, cuyo carácter pluridisciplinario fue apoyado por la Junta de Andalucía a través de una subvención de la Agencia Andaluza de Instituciones Culturales. En él, Salud López se adentraba en estructuras de improvisación con la premisa de «gestionar los excedentes» y poder rentabilizar el proceso creativo desde el momento justo en el que se inicia. De aquí surgió su iniciativa de trabajar en torno a la «poesis», siendo de esperar que no desembocara en un formato convencional de espectáculo de sala. Este se estrenó en Alanís con los habitantes del pueblo partiendo de una contextualización muy errante, tras un largo periodo trabajando junto a las tecnologías.

> La experiencia del arte aquí propuesta difiere de aquella propuesta en un teatro, entre otros motivos porque nos compromete a inventar colectivamente lo que significa atravesar una experiencia artística en el espacio público o natural [...] descubrir cómo cohabitar de forma inédita, y no imponer al lugar maneras de ser prefiguradas (Perrin 2021: 15). Traducción del autor.

Me permito aquí hacer un pequeño paréntesis para mencionar a Luis Castilla, a propósito de su larga trayectoria como fotógrafo especializado en danza. Su trabajo ha propuesto una nueva forma de contemplar estéticamente el cuerpo, la danza y el movimiento, jugando a veces con el blanco y negro para mostrar la realidad de una manera irreal, intentado encontrar un elemento más conmovedor y expresivo –como bien decía en el número dos de la revista *Con D de Danza* (Castilla 2004)–.

Desertizaciones de la danza

Todavía en la actualidad seguimos viviendo la borrachera del exceso de tecnología aplicada al cuerpo en la década de los ochenta, cuando se saturó de dispositivos a través de los cuales experimentaba y proponía distintas formas de perceptibilidad. No es poco significativo mencionar la gran cantidad de prácticas contemporáneas que en los últimos años se han balanceado por estéticas relacionales (definido por Nicolas Bourriaud para el arte de los noventa, de corte internacionalista, tecnológico y apoyado en la tradición de las artes visuales), intermediadas por la tecnología o los nuevos sistemas de comunicación, con habituales incursiones en códigos publicitarios y lenguajes populares explícitamente característicos del momento actual. Considerando cierto sincretismo con modelos americanos y europeos, un gran número de creadores ha desertado de la danza danzada con la intención de rellenar vacíos y consagrarse a la urgencia de renovar los imaginarios. Relacionados con los procesos de desterritorialización y deslocalización de los focos culturales (abordados en estudios de filósofos como Guattari o Deleuze), estos imaginarios se despliegan de un modo colectivo y transnacional, diseminándose más allá de las determinaciones geográficas y económicas de los territorios. Con la desarticulación de las fronteras que determinan la distancia entre el «yo» y el «otro», entre el «adentro» y el «afuera», las propuestas se vuelven simultáneas y transversales sin el liderazgo exclusivo de un núcleo cultural específico.

Dentro de este subcapítulo vamos a centrarnos en tres proyectos artísticos que se deslizan por las fronteras de la categoría danza, llegando incluso a anularla. Nos referimos a *Chronoscopio* (2010), de Patricia Caballero, *Fragile* (2010), de Teresa Navarrete, Miguel Marín y Nando Pérez, y, por último, *Mantis, three hours of coffin* (2020) de Candela Capitán. La interrelación de la actividad artística y la máquina no es un fenómeno ni mucho menos exclusivo de la época contemporánea. De un modo u otro, la presencia de la tecnología en el arte ha sido una constante en la intención comunicativa del creador. Por el contrario, la conversión cada vez más acentuada del propio cuerpo en fetiche pone de relieve el alcance de sus diseminaciones y elabora un marco lo suficientemente amplio para estudiar cómo ha condicionado la experiencia vital de individuo. Autoras como Desmond creen que las identidades sociales son formadas y negociadas a través del movimiento corporizado: «no debemos

Figura 20. *Chronoscopio* (2010). Patricia Caballero. Fotografía de David Mallols

ignorar las formas en el que la danza señala y representa identidades sociales en todas sus continuas y cambiantes configuraciones» (Desmond 1993: 57). Desde la utopía de no generar esas identidades, desprenderse del movimiento corporal equivale, principalmente desde los años sesenta, a remover las asignaciones impuestas a la danza y al movimiento. En lugar de atenerse a regularizaciones estrictas de un momento que fue y no volverá a ser nunca más, se introducen otras conceptualizaciones del cuerpo con nuevos condicionantes ontológicos, donde la idea del ser se relaciona más con un flujo que va y viene entre lo pasado, presente y futuro, acompañado siempre de las tecnologías. En esta dirección, es bien conocido el alcance que tuvo la *non-danse* hacia nuevas posiciones y esfuerzos por no anclarse en categorías cerradas.

Heredera de aquellos planteamientos que los protagonistas de esta generación desarrollaron ante un individuo amenazado por las manipulaciones biomecánicas de elementos tecnológicos externos a él, la obra incipiente de Patricia Caballero roza la preocupación por un cuerpo en desaparición, que se refugia en sí mismo para no ser protagonista del espectáculo. *Chronoscopio* (2010) es una obra un tanto peculiar en su trayectoria, donde la artista hace bailar a la máquina tecnológica desde una posición cercana al titiritero. En ella, induce por medio de una performance-instalación un estado móvil en los objetos para favorecer nuevas posibilidades perceptivas, nuevas formas de ver la danza. Se trataba de un trabajo de equilibrismo, de vulnerabilidad por no saber cómo iba a desarrollarse la obra, y por ello necesitaba un estricto control para que funcionara como era debido. Patricia no consideraba la opción de que pudiera fallar, comprometiéndose con una escena en la que el error no era posible. Si algo fallaba, fallaba todo.

Como hacía Marina Abramovic, aprovecha la insignificancia de las operaciones cotidianas para mostrar un cuerpo insumiso con el que propone no hacer nada que pudiera considerarse danza hasta el momento. Su etapa en Cataluña influyó en esta pieza a modo de colofón donde la poética del espectáculo surgía de la reflexión acerca del contexto en el que se llevaba a cabo la obra, con condiciones premeditadas para su autorrealización en la que se consideraban distintas vías receptivas y perceptivas. Aquí el movimiento se autogeneraba solo, desde una exquisita actuación conceptual producida por aparatos tecnológicos que ella misma construía, para los que el cuerpo apenas servía como títere recluido en posiciones de discreción –o quizás de intimidad–, distanciado del formato espectacular y de las convenciones escénicas más tradicionales. Sin abandonar el escenario, la introspección del artífice transforma la obra en artefacto.

En 2010, un nuevo trabajo llamado *Fragile* funcionó como carta de presentación para la recién inaugurada compañía de Teresa Navarrete. Tras el largo periodo de actividad en Barcelona con el colectivo Erre que Erre, en el que además supo aprovechar la oportunidad para trabajar con Nando Pérez, quien venía del teatro físico con experiencia en escenografía y montajes de producciones, Teresa llega a Sevilla en 2009 acompañada por él para formar un trío junto a Miguel Marín, cuya trayectoria como músico y compositor había empezado a conocer tres años atrás. De esa mezcla polifacética surgió *Fragile*, una obra atípica en su presentación e integradora en su disposición, concebida como lugar común donde aunar sonido, movimiento e imágenes. Estrenada en el CAS, se componía de una primera parte de exposiciones fotográficas e instalaciones sonoras, seguida de una videodanza (consecuencia de trabajos previos realizados en el último periodo catalán), y, por último, un espectáculo en directo.

Al principio, la improvisación generada entre música y danza les abrió un campo de juego artístico para integrar otros elementos que ampliaran las posibilidades del proyecto, más allá de las limitaciones del espacio escénico convencional. De hecho, el componente audiovisual refuerza la singularidad del *site specific* al estar filmado en un contexto en el que la danza no acontece en condiciones favorables. La intención es, sin embargo, aprovechar las oportunidades que les brinda cada medio, recalcando la atención en los detalles, en lo pequeño, en aquellos elementos de fragilidad. Por ese motivo, emprendieron un camino más próximo al videoarte, o quizás al cortometraje, con los que poder sumergir al espectador en un entorno sonoro y visual. Es,

Figura 21. *Fragile* (2010). Teresa Navarrete y Nando Pérez. Fotografía facilitada por el Centro de Investigación y Recursos de las Artes Escénicas de Andalucía (CIRAE). Autora: Sara Álvarez-Nóvoa

por tanto, una pretendida obra de arte total, que nos devuelve pistas sobre aquellas tentativas modernas de pluralismo en las artes más allá del aspecto narrativo, cuando las corrientes de acción desmaterializaban todo rastro objetual dentro de un programa de actuaciones sin precedentes.

En este sentido, la dirección de *Fragile* trataba de generar ambiente contextual, paisajístico en cierto modo, con intervenciones sonoras y visuales que proporcionaran al espectador una experiencia inmersiva por los confines artísticos. Todo sucede en herencia de los planteamientos de Merce Cunningham y John Cage: la música y la danza no deben mantener una relación de dominación o sumisión, sino de transversalidad, en la que se compenetran, pero pueden ser independientes a la vez. De ahí, la primera parte de la obra se configura como un ambiente sonoro que funciona por sí mismo, pero que inmediatamente sirve de anticipo a lo que está por llegar, el videodanza, formando parte del mismo como si de un todo se tratase. La proyección del filme convive con la colocación de objetos reales instalados en la sala a cargo de María Meler, mientras que la presencia corpórea de Nando nos confirma la triple validez ontológica que tienen los elementos dentro de este escenario artístico: la luz inmaterial, el objeto tridimensional inanimado y la corporalidad física del individuo.

El mundo del concepto, irreal, luminoso e intangible, aparece en connivencia con el objeto inanimado, además de la organicidad de un cuerpo vivo que pone en valor el campo de la experiencia, de lo sensible. Algo parecido a las aportaciones que durante los años sesenta pusieron sobre la mesa algunos artistas conceptuales como Joseph Kosuth cuando simultaneaba tres categorías diferentes –lingüística, visual y objetual– para reflexionar sobre la naturaleza del arte y sus posibilidades de significación. Porque aquí la realidad objetual se reivindica como arte y no como simple objeto, al igual que sucedía en los años ochenta cuando la escultura se desmaterializaba de una forma un tanto paradójica para defender su separación respecto al objeto banalizado de la realidad cotidiana. Al ensamblar estas tres representaciones alternativas, *Fragile* proporciona una plataforma escénica (y escenográfica) con la que poder subvertir las convenciones simbólicas tradicionales. Entonces, la fragilidad de lo vulnerable es ahora una valiosa herramienta de poderío, una catalizadora para la mutabilidad de las condiciones de identidad prefiguradas. Son, pues, tácticas de desafío que proporcionaban nuevos acercamientos al mundo del arte y a sus centros de legitimación. Y, por último, el espectáculo en vivo. En él, el espacio nada tiene que ver con el presentado en la proyección, el interior de alguna casa antigua. Ahora un cubo blanco, aséptico, acoge una danza a dos muy calmada, con cierta tendencia al desfallecimiento. Los intérpretes mantienen una fuerte imantación con el suelo, se levantan y vuelven a él. Algunos de sus comportamientos intentan extraer distintas pieles, sobre todo a partir de un trabajo previo de observación de lo cotidiano en el que Teresa Navarrete investiga sobre múltiples comportamientos de sí misma, dentro de un proceso de constante autodescubrimiento y exposición escénica.

En otro espacio geométrico, el de una urna acristalada que también sería aséptica si no fuera por la presencia de ciertos insectos un tanto polémicos (mantis religiosas), se emplaza el cuerpo prácticamente inmóvil de Candela Capitán durante el transcurso de su pieza *Mantis, three hours of coffin* (2020). Cubierta por estos animalitos, la joven creadora reprime todo gesto voluntario en virtud de una danza que destaca precisamente por su ausencia. La danza no es más que lo que falta. No baila, sino que se refugia en un cuerpo ávido de experiencias de autocontrol similares a las llevadas a cabo por los protagonistas de la *non-danse* francesa. Con ello, una fuerte descontextualización se produce en el marco del Festival LOOM de artes interdisciplinares cuando la autora decide introducir estos insectos vivos en el mundo del arte, concediéndoles un nuevo estatus de valor y llegando a resignificarlos, sobre todo, mediante el empleo de la tecnología de vídeo. *La Fontaine* de Duchamp ahora está vivita y coleando, encerrada en una urna, y con cientos de espectadores ejerciendo simultáneamente una actividad contemplativa, casi hipnótica. El porno tiene algo de hipnótico debido a su carácter explícito, y esta obra tiene un aire pornográfico. Más aún cuando gran cantidad de los espectadores activan su rol voyerista desde el otro lado de la pantalla. Un *etant donné* en el que el rol voyerista del observador ya se da por asumido porque

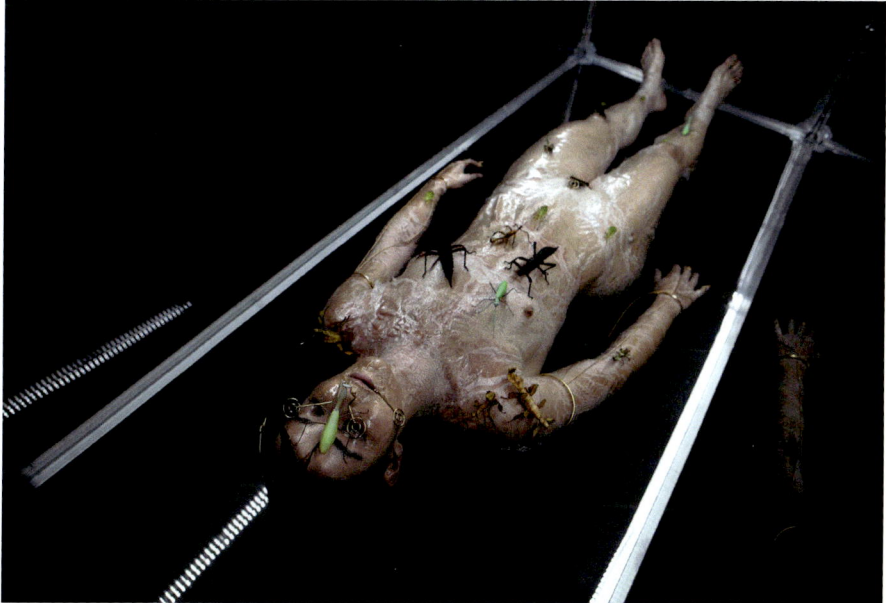

Figura 22. *Mantis, three hours of coffin* (2020). Candela Capitán. Fotografía de Kito Muñoz

queda implícito en la obra, mientras que la naturaleza viva desborda la corporeidad y acentúa la imposibilidad de acercarse a la figura femenina, yacente y desnuda.

En esta obra todo está preparado, ya hecho, coincidiendo además con la inmediata traducción al castellano del título de la obra de Marcel Duchamp. Aunque «teniendo en cuenta» sería otra traducción posible y no parece del todo inapropiada. Porque en *Mantis, three hours of coffin* se tienen en cuenta otros tipos de estímulos más sutiles, en la levedad de lo perceptivo, que van configurando microsucesos más allá de lo meramente restringido al ámbito visual. El vídeo documenta la contención de comportamientos improductivos para la geopolítica occidental, teletransmite un cuerpo vulnerable, como aquellos de Francis Bacon encerrados en prismas geométricos. Sin embargo, no solo actúa como guarida de una danza en disolución, que vibra y padece con él, sino que plantea una ambigüedad al dogma por el que el arte performativo debe residir siempre en la memoria. Ahora, la tecnología ayuda a distribuir esa acción y esto es sin duda una ventaja, pero por muy pornográfica que quiera ser la filmación, por más entrañas que pretenda desgarrar, nunca es del todo fiable, porque no logra extirpar toda la verdad de lo que sucede en escena, aquellas singularidades y procesos internos. En esta danza de reacciones neurosensitivas, incontroladas e incontrolables, el infraleve duchampiano siempre estará ligado al ejercicio corporal.

Unos cuerpos que (se) entregan

Fugacidad, instantaneidad, movimientos rápidos precipitados en el tiempo por su intencionalidad práctica, en un mundo que se aleja del valor de lo duradero y se aproxima a la consumición placentera de lo efímero. En su libro *Modernidad líquida*, Zygmunt Bauman señala las características de la transformación que está sufriendo la sociedad occidental en los años más recientes. Con su concepto de «lo líquido» destaca una nueva etapa donde la postergación de la gratificación se ha convertido en una carga, es decir, se anula lo que de insatisfecho tiene el deseo para proporcionarle una permanente dosis de gratificaciones efímeras. Ya no se exaltan como antaño las virtudes ennoblecedoras del trabajo, ni su potencial en la construcción de identidades y proyectos de vida, sino más bien la capacidad para entretener y divertir a la sociedad de consumo. Ahí, el deseo debe ser cubierto permanentemente porque su satisfacción es corta y se desvanece instantáneamente. Al mismo tiempo, las relaciones humanas se han ido dirigiendo hacia la perspectiva del consumidor, lo que ha mermado la interacción colectiva, las cooperaciones y asociaciones en un contexto de mercantilización de todos los aspectos de la sociedad. El debilitamiento de los vínculos emocionales dentro una comunidad está teniendo lugar cuando estos dejan de aportar beneficios, a causa en gran medida de la relación inversamente proporcional entre el menosprecio del esfuerzo que supone lograr ciertos objetivos –emocionales, personales– y la rapidez con la que se pretende alcanzarlos.

En este marco de asperezas coyunturales, los creadores se organizan en colectivos con la misma rapidez con la que se desvinculan de ellos. No suelen formar ningún grupo estructurado, pero comparten determinadas posiciones ideológicas por las que el término *danza* puede resultar caduco, o al menos, insuficiente (es el caso de Guillermo Weickert). Muchos bailarines se han mantenido voluntariamente al margen de estas lógicas de consumición, o contrariamente, han aprendido a usarlas a voluntad para reivindicar la (in) consistencia de las relaciones interpersonales. Les interesa la democratización de los procesos escénicos sin quedar sometidos al yugo del virtuosismo técnico, ni tampoco a los lenguajes autorreferenciales que solo apelan a características concretas de la disciplina: la técnica ya no acapara el discurso fundamental en estas conciliaciones. El mimetismo con algunos estándares de presentación vinculados a las artes visuales, y por ende a la performance –siendo preciso recordar que la performance y el happening son extensiones corporales de la pintura de acción americana de los años cincuenta– han producido estéticas líquidas dirigidas hacia territorios de colectividad y dinámicas de creación comunitaria.

Natalia Jiménez empezó a desarrollar desde muy temprano un trabajo con personas enfermas, con discapacidad y diversidad funcional, en aquellos momentos en los que aún trabajaba en la compañía de Ramón Oller. A menudo, ha movido la danza de su zona habitual. El componente social de sus producciones se potencia cuando se aproxima a conceptos de identidad y comunicación con el público. En *AULA* (2019), estas aproximaciones están íntegramente presentes desde el momento en que decide llevar a cabo la obra en un aula de universidad, institución encargada por antonomasia de perpetuar el conocimiento científico, pero en la que brillan por su ausencia los cuerpos en movimiento –sin contar los deportivos–. Esa continuidad, ese carácter de pervivencia está implícito en toda textualidad gráfica casi desde sus orígenes, siendo el dibujo y la escritura dos rasgos distintivos del ser humano. Vinculada a las jornadas de las artes del movimiento y del contacto Semana Sana, Natalia inserta el cuerpo en un lugar del que ha sido borrado y se mueve con toda esa energía corporal que fluye entre los gestos cotidianos y los abstractos, ahí donde la actividad gráfica cree manifestar su carácter de eternidad. Pero en esta ocasión, el texto –o el dibujo– se hace y deshace al momento. Lo gráfico se convierte en fragilidad, en registro efímero de una actividad pasajera que no pretende contener indicios de historicidad.

Igual que el erotismo –y no la sexualidad–, el dibujo también hace mención de esa evolución cognitiva por la que el animal deja de ser animal para convertirse en hombre. Entonces, el erotismo es a la sexualidad lo que el dibujo es al garabato. Como señalaba Bataille, «[el erotismo] hace referencia a una búsqueda psicológica independiente del fin natural dado», y a su vez «el objeto de esta búsqueda psicológica independiente no es extraño a la muerte misma» (Bataille 2015: 8). Por esta razón acude al garabato. Como dibujo ciego y acción descontrolada sin finalidad concreta más allá que la de ir descubriendo en el hacer, el garabato se genera en esta obra como una transustanciación, tanto de la persona de Natalia Jiménez como de su compañera de ruta, Leonor Leal. Vemos una extensión de ellas en el mundo real a partir de una atención conjunta –se unen de la mano para dibujar y borrar a la vez, en desplazamiento– que les conduce a otro plano de la realidad fuera de lo cotidiano, allá donde el ensimismamiento las transporta a otra dimensión cognitiva.

Figura 23. *AULA* (2019). Natalia Jiménez y José Luis de Blas. Fotografía de Marga Pérez

Con estos desafíos, la obra abordaba el concepto de «pivotaje». La inter-cambiabilidad de los roles y la posibilidad de transitar por el lugar del otro les ofrecía *in situ* recursos suficientes para generar una poética sobre la cor-poreidad que ambas bailarinas expresaban en torno a la idea de giro (nótese aquí la pequeña, pero gigante diferencia entre los conceptos de *corporalidad* y *corporeidad* extensamente tratados por la literatura francesa en los últimos años, por ejemplo, los textos de Michel Bernard o las prácticas de Johanna Bienaise, entre otros). Corporeidad con la que, de algún modo, ambas se sienten hermanadas –hay que recordar que Natalia empezó en el flamenco y la danza española ante de pasar al contemporáneo–. Y decimos *in situ* porque la pieza está diseñada como *site specific*, a propósito, con José Luis de Blas. Y así, entraba en juego un método que ponía a cada intérprete en relación con la escritura: texto y palabra colaboraban en la construcción de una memoria acerca de conceptos que terminaban siendo apropiados para hacerlos cuerpo. Entonces, el círculo se cierra: el desarrollo gráfico induce una conexión con la escritura de movimiento, donde confluía la danza de Natalia –con movimien-tos de aristas, geométricos, en torno a las posibilidades espaciales– y la mu-sicalidad de Leonor –adherida a un ritmo de pulsaciones que evocaba, desde un lugar apenas señalado, un flamenco en ausencia–. Desde ahí, pudieron en-lazar con el imaginario de lo sonoro y la música de Vivaldi, considerando la forma en la que se condensa visualmente la acción de escuchar música. De este modo, Leonor Leal acudía a un movimiento vinculado a la musicalidad, a ritmos, golpes y acentos –que intenta transmitir al espectador con algo parecido a un dictado corporal compuesto de una indescifrable oralidad– y Natalia Jiménez lo hacía mediante la trayectoria y el espacio.

En *El festín de los cuerpos* (2018) del colectivo Danza Mobile, la sugerente sensualidad de los cuerpos en escena inunda la pieza de un erotismo en el que la condena es tratada desde la celebración y el juego. La dramaturgia del espectáculo, a cargo de Antonio Álamo, resuelve lo trascendente mediante lo insignificante, al partir de una versión incompleta y andrógina del ser humano en la que su consumación solo puede tener sentido a través del deseo y la sexualidad. Inspirada en *El banquete* de Platón, la naturaleza de lo festivo está tan presente como la consciencia de que todos los individuos somos uno por el simple hecho de estar compuestos de la misma materia. Integración, equidad, movimiento, diversidad... son algunas de las claves que esta danza simpática ofrece con brillantes destellos de humor, hedonismo y sencillez, incluso si la temática trata las complejidades de la vida social en constante búsqueda del amor. El desenfreno de los cuerpos se convierte en fiesta, en placer físico, quizás de corte más aristotélico. Entonces, los binomios razón y corazón, cuerpo e idea, masculino o femenino, acaban por difuminarse. En estas labores de integración están trabajando creadores como Arturo Parrilla, Antonio Quiles o el veterano de la danza contemporánea en Andalucía, Manuel Cañadas.

Además de haber formado parte en varios proyectos de creadores locales, Roberto Martínez se introduce en ejercicios menos técnicos con relación a los límites del cuerpo –de resistencia, fuerza, tolerancia psicológica...– a partir del contacto con Abraham Hurtado. El acercamiento a prácticas más vinculadas al mundo performativo le conecta con un concepto de danza no tan estructural, mantenido al margen de las codificaciones. Como consecuencia, empieza a encontrar un filón en el que poder desarrollar su labor creativa a partir de las posibilidades que le ofrece su cuerpo desde la improvisación y las experiencias vitales. En paralelo, una nueva vía de encontrar trabajo se pone a disposición de todos los que vivieron las incorporaciones tecnológicas de la década de 2010 con la popularización de los smartphones y las redes sociales. A través de Facebook, consigue entrar en contacto con el coreógrafo francés Christian Rizzo, quien posteriormente lo selecciona para el elenco de la obra *D'apres une histoire vraie*. Alcanzando un éxito rotundo más allá del país francés, esta pieza absorbió por completo los esfuerzos del riojano mientras realizaban largas giras por todo el mundo. La entrega de un cuerpo que está presente sin mostrar al típico bailarín proyectándose hacia el público permitía a los componentes de este espectáculo poder concentrarse en un movimiento vivencial y no tan acrobático.

El vacío personal se incorporaba en la trayectoria de Rizzo en un momento en el que dejaba de conceder relevancia al objeto para dedicársela más bien a los cuerpos presentes en escena. Este rasgo coincidía con una faceta muy perseguida desde siempre por Roberto Martínez, donde lo íntimo e interno adquiría un estatus de valor incluso si debía realizar una danza física y coreografiada. Entonces, con la llegada del año 2013 es seleccionado en una residencia por el Festival BAD (Bilbao Antzerkia Dantza) donde investiga en la performatividad de un cuerpo intenso, que desemboca más tarde en una creación que se acerca a lo autobiográfico, a su tierra natal, al interés por lo geográfico y lo rural. De manera orgánica va descubriendo que se aproxima a su familia y pide a sus padres que colaboren con él –vestido de rata, por cierto–, con el objetivo de hacerles entender en qué consistía su profesión y ofrecerles la oportunidad de conocerla desde dentro. La obra resultante fue *Me, the son* (2013). Acompañado por ellos y por la conexión casi telepática que mantenía desde años atrás con el músico Pablo Peña, disfruta del aerobic con su madre y baila con ella a ritmo de *swing*. Con su padre recoge y carga rollos de tallos secos que aluden directamente a la vida en el campo. Un detalle interesante de esta pieza es que culminaba de una vez por todas la investigación desarrollada en los tres años anteriores, en un solo espectáculo estrenado en el CAS que no se volvería a repetir nunca más.

En 2010 Roberto Martínez se une a Bárbara Sánchez en *Gala Fantoche* otro *site specific* realizado en la discoteca Holiday por encargo del Mes de Danza como creación en proceso. Un dúo muy creativo en el que ambos pretendían compartir intereses y modos de crear, descubriendo las dificultades de trabajar en colaboración. Para ello, utilizan una táctica que ya hemos visto anteriormente en otros creadores: desviar los asuntos serios hacia una cierta frivolidad posmodernista. Como si de una danza ritual se tratase –al principio, con la indumentaria indígena incluida– emergen movimientos casi irracionales que nada guardan relación con la tecnicidad de una disciplina normalizada. Este local retro setentero en el que se ubican les contagia de cierto aire festivo con el que parecen apartar todo tipo de preocupación trascendental, o al menos, canalizarlas a través de la ironía y el humor. Las emociones humanas están en esta pieza tan presentes como la dificultad de llegar a las verdades, y frente a este desafío, frente a este vértigo de rozar lo que está más allá de lo perceptible, de lo humano, los intérpretes se posicionan en la mentira sagrada, aquella absolutamente respetable que nos ayuda y da ánimos para seguir.

Es un juego de ingenuidad y sinceridad en el que se liberan incluso de sus vestiduras, y donde el mantra de la repetición desemboca habitualmente en trance. Un trance que suele generar diversas producciones de lo imaginario en esta ceremonia en la que el público los acompaña como testigos de un acto ritualizado que coexiste con la improvisación. Casi todo sucede en virtud de movimientos desenfrenados, pero vinculados a cierto control –como el fantoche cuando es guiado por alguien ajeno a él–. Ni siquiera el baile de salón que intentan realizar guarda regla o lógica alguna. En ellos, la vida cotidiana debe ser como todo acto festivo, cuya función integrativa en la sociedad disuelve los conflictos entre la gente –de hecho, al final del espectáculo los intérpretes terminan haciendo un pícnic frente al espectador–. Entre el histrionismo y la naturalidad, fuerzan la naturalidad para llegar al disparate. «El ritual, las fiestas y las actuaciones son maneras de representar el mundo y la sociedad, su orden y agentes que lo amenazan [...]. La magia, la mentira, la farsa como herramienta para desconcertar y desarmar» (Balandier 1994: 55).

Bárbara Sánchez tiene claro que su compromiso con el público se basa en una entrega energética y corporal. La comunicación que establece con el espectador no depende de un juicio racional, sino de una disposición que solo tiene lugar en el momento de contacto con él, una entrega condenada a desaparecer en los ensayos de la obra. En su espectáculo *La satisfacción del capricho* (2013), estrenado para el Festival de Itálica, Bárbara se une a ocho mujeres intérpretes en un homenaje ritualizado a Isadora Duncan. Con algunas reminiscencias de la danza belga de Jan Fabre, y con una estética similar a las mujeres de Vanessa Beecroft, su trabajo no pretende concretarse en una biografía narrativa, pero sí discurre en paralelo a los acontecimientos vivenciales de su experiencia, atendiendo a una suerte de llamada interior. Persigue la evocación a través de la poesía, donde lo pictórico aparece por su interés por la imagen. En su solo más reciente *Várvara* (2019), que nace en el último periodo del CAS antes de que cerrara definitivamente y atraviesa un proceso de dos años de residencias –CAS, Graner, Teatros del Canal, Tenerife LAB–, Bárbara se acerca a la divinidad a través de la música bacalao, la literatura mística española y el componente textual de la copla.

Acompañada en la dramaturgia por Jaime Conde Salazar y en la asistencia de dirección por Alberto Cortés, la pieza parte de una temática teológica para llevar al cuerpo a un estado de posesión, configurando un ambiente ritualizado que conecta con aquellos momentos de liberación frenética donde el trance era el elemento de comunión que reunía a las generaciones en fiestas con este tipo de música. La creadora no tiene problemas en reconocer la pretenciosidad que supone afrontar grandes temáticas. Sin embargo, en la mayoría de las ocasiones no llega a ellas por veleidad, sino desde una actitud orgánica y fluida, dejándose arrastrar por intuiciones, emociones, llamadas vitales que emergen principalmente de su autobiografía en forma de evocación poética. Y en ellas, no cabe ninguna religión concreta ni ninguna corriente filosófica que pretenda legitimarlas dentro de algún marco teórico o religioso –aunque se puedan aplicar analogías cristianas a través de la figura de María Magdalena–. Al contrario, huyendo de lo conceptual da entrada al milagro del azar y el accidente, la intuición y la espiritualidad. La colaboración que Bárbara realiza con Jaime Conde Salazar es muy nutritiva y familiar porque buscan un punto de complicidad en el que ambos procuran que no se

Figura 24. *Várvara* (2019). Bárbara Sánchez. Fotografía: Centro de Artes Escénicas de Andalucía (CDAEA). Florentino Yamuza

desvíe la atención de los propósitos, manteniendo la esencia desde la incorporación de otras ideas que no tienen por qué guardar relación con lo escénico. A pesar de la barroquización que también está presente en su trayectoria –y que por tanto la conectaría con los antecedentes artísticos de nuestra comunidad– hay que señalar que realmente comenzó a sentirse validada y cómoda con lo que hacía en contextos extranjeros. Sus metodologías, formas, estilos... fueron reconocidas en una primera instancia por personas situadas en circuitos franceses, como Enrique Pardo, Linda Wise o Germana Civera.

Teniendo en cuenta la exquisita distinción que hace Gilbert Rouget en su libro *La música y el trance*, el éxtasis correspondería a ese estado del cuerpo dentro de diversas experiencias místicas caracterizadas por la inmovilidad, la soledad y el silencio, al contrario que el trance, que se obtendría en el ruido, la agitación, y la sociedad de los otros, es decir, en la demanda de un público (Rouget 1980). El éxtasis, como lo entendía al menos Santa Teresa de Jesús en su búsqueda dolorosa de Dios, era un estado de arrobamiento sin igual. Bárbara Sánchez, en su caso, se mantiene limítrofe entre estas categorías mentales e ideológicas y el estado de posesión en el que indaga no deja de ser un medio poético relacionado con la teatralidad, la ficción y la impostura formal a través del cuerpo escénico. Por estas razones, resulta lógico su cercanía al paroxismo de la copla y a la sobredimensión emocional que se vuelca, por ejemplo, en la saeta, canto religioso tradicional muy típico de Andalucía que pretende llegar directo al corazón del pueblo.

La desnudez en *Várvara* va ligada a la sumisión, a la entrega incondicional de ella misma como Ser en el mundo (aquí residiría la posible carga erótica de la obra), pero no a un propietario patriarcal, sino a un dueño indeterminado –el/la suyo/a–, que no hace de su cuerpo una fuente de contemplación como desnudo artístico. Su desnudez no es objetual, aunque se muestre bajo una estética de aparente sumisión a cadenas que la recorren (este componente podría distraer hacia rumores prematuros). El valor del fetiche reside en el componente simbólico y no en el material por cuanto a lo que el encadenamiento significa. Podríamos decir que se trata de una Andrómeda por voluntad propia, desvinculada de la aberración del padre y entregada a la vida, a su Perseo.

En paralelo, Roberto Martínez también se introduce en una vertiente de experiencias extrasensoriales e interés de tipo ritual a partir de 2016 cuando conoce personalmente a Meg Stuart. En una nueva andadura hacia un mundo de experiencias humanas y posibilidades perceptivas entre lo visible y lo invisible, participa junto a Bárbara en *Atelier III* (2017), «vive un proceso en el que las artes se funden y las fronteras se disuelven bajo un punto de vista muy espiritual. De nuevo, la ceremonia como acontecimiento para crear una experiencia colectiva de creación» (González Castro 2021: 133).

Alternativamente, la entrega emocional que Patricia Caballero ofrece en sus actuaciones deriva de la empatía por encarnar aquello que recibe del espectador. Desde la familiaridad, la escucha y el diálogo con el otro, alcanza estados liminales de trance donde el arte puede ocurrir desde otro lugar. Alejada del idealismo de lo europeo y de la asociación de la danza contemporánea a las tendencias extranjeras, Caballero conecta su movimiento a la emocionalidad, y de ahí, en ocasiones, al mundo flamenco. En *Barrunto* (2015), se preocupaba por cuidar un contexto de juego en el que los intercambios y las conexiones emocionales podían brotar inesperadamente. Para ello, se dedica a crear canales de intimidad, intentando entablar cierta amistad con el público para lograr ese acercamiento. La emergencia no señalada ni etiquetada de esas apariciones requiere por lo general una madurez muy grande, una actitud camaleónica para sobrellevar la situación cuando el espectador decide –o no– participar en esa unión. Sobre todo, y como sucede en esta pieza, al decidir convertirse en la mamá del público en un momento de lactancia en el que aún podía ofrecerles la leche de sus pechos. A pesar de que se ofrezca a lo inesperado, Patricia organiza escrupulosamente sus acciones y tiene estructurado lo que energéticamente tiene que ocurrir, manteniendo firme su objetivo y poniendo atención en lo físico. La fisicalidad de su danza se desarrolla en base a un objetivo energético.

Son tipos de atenciones, para mí todo el juego está en la atención, es un campo que me vuelve loca. Siento que ahí está todo, que desde ahí puedo hacer todo y hacer que todo exista –como un sombrero mágico, algo muy cuántico–. Entonces, yo sé qué, tengo mi objetivo, pero no sé cómo. Y ese no saber cómo te hace sufrir. Pero saber lidiar con eso, y que el cómo se va a manifestar por el camino porque tú sabes qué y hacia dónde vas, y todo se va a poner a disposición de eso para que eso sea –y no como tú crees sino como tenga que ser–, todo eso para mí es una disciplina muy bestia y es la disciplina de la incertidumbre. (Patricia Caballero, entrevista personal, 29 julio 2020).

Algo con relación a la muerte se ubica en la incertidumbre, quizás aquello que mencionaba Sade –recogido también por Bataille en su libro sobre el erotismo–: una idea libertina, un punto de referencia desde el que familiarizarse con la muerte. O quizás sea una carga psicológica que dota de continuidad al ser, conectándonos y haciéndonos sentir que formamos parte de algo más trascendental y común. El vértigo de la incertidumbre, por tanto, nos aporta continuidad, y ahí es donde la comunicación se hace efectiva. Entonces, enfrenta al espectador a las viciadas dinámicas operativas de sus mentes racionales, los descubre en su inconfortabilidad pusilánime cuando renuncian a enfrentarse a vacíos simbólicos y ofrecimientos pasionales. Y les concede la oportunidad de enterrarla simbólicamente en directo, como si de una automuerte se tratase –ella misma se compra sus propias flores de difunta–, bajo decenas de abrigos que se amontonan haciendo desaparecer la figura de

Figura 25. *Barrunto* (2015). Patricia Caballero. Fotografía de Jorge Anguita Mirón

Patricia Caballero. «Me dijeron una vez que las desgracias duran hasta que des gracias», dice. Y eso hace en el espectáculo. Mientras va agradeciendo al público su colaboración, va desmontando la idea del perdón y los conceptos de lo malo y lo bueno tal y como nos vienen dados en nuestra cultura judeo-cristiana. Entonces, trasforma la oración del Padre Nuestro en una «Madre Nuestra» feminizada. Después, se produce el renacimiento. Independientemente de los resultados que pudiera obtener en este juego, a ella le salva el proceso y el compromiso principal que mantiene consigo misma. Patricia está en su camino consigo cumpliendo su propósito al servicio del arte, ni siquiera del espectador y confía que todo le irá bien.

María Cabeza de Vaca entiende el proceso de trabajo como una colaboración abierta al otro. En *El experimento ruso del sueño* (2016), sin estar sometida a ideas muy cerradas, decide partir desde la espontaneidad para sumergirse en un método que le conecte con la intuición, siendo permeable a todo aquello que pueda llegarle de otras corporalidades (Álvaro Frutos le acompaña en la dirección e interpretación). Sin importarles lo estrictamente formal, acuden a una poética de contrastes –también con sus diferencias de edades– que oscila entre la resistencia y la vulnerabilidad, donde a través de lo superficial alcanzan lo profundo, y viceversa, en favor de dinámicas energéticas y conexiones emocionales.

> El arte, y más concretamente el arte contemporáneo, no solo pone en cuestión la unicidad real o posible del cuerpo, sino que deconstruye este concepto en sí mismo en virtud de aquel de «corporeidad» definido, a ejemplo de Anton Ehrenzweig, como espectro sensorial y energético de intensidades heterogéneas y aleatorias (Bernard 2002: 524) (traducción del autor).

Autoconsiderada como creadora omnívora por nutrirse de todos los estilos y tendencias, María acude a herramientas físicas como el yoga o el katsugen para alejarse de la excesiva racionalidad y poder llegar a la excepcionalidad de lo cotidiano. Cree que el cuerpo piensa de otra manera si previamente ha seguido dinámicas de movilización y entrenamiento, volviéndose más creativo cuando se acciona desde coordenadas fuera de las habituales. En esto va implícito el anterior concepto de corporeidad, con el que se plantea el saber reflexivo de un cuerpo que tiene la capacidad de generar pensamiento no vinculado únicamente a la razón, y que va más allá de la dinámica utilitaria y de los límites de la efectividad. Merleau Ponty decía que el cuerpo sabe más que nosotros. Entonces, María persigue movimientos conectados a la vida con diferentes cualidades y potenciados por el entrenamiento corporal, en busca de un vocabulario físico más orgánico, menos depurado y formal. Desde su punto de vista, el entrenamiento físico es muy importante, aunque se trate de movimientos orgánicos que no estén reñidos a la dureza.

Sin embargo, al igual que para la mayoría de sus contemporáneos andaluces, invierte enormes esfuerzos en crear un clima de trabajo con el fin de poder entregar al máximo su cuerpo escénico. El calentamiento se configura, por tanto, como preparación corporal o arranque hacia no se sabe dónde, sin quedar al margen del proceso creativo. De nuevo, esas prefiguraciones abstractas son susceptibles de crear material coreográfico.

Por otro lado, la compañía Los Negros de Álvaro Frutos se cierra en 2019 para dirigir la actividad del joven creador hacia proyectos educativos, sociales y terapéuticos que indagaran cualidades del movimiento no tan visibilizadas en los circuitos de los grandes teatros. De esta manera, el enfoque dramatúrgico de su trabajo cambió hacia actitudes menos lesivas y más conciliadoras con los cuerpos. Es remarcable que una de sus primeras piezas en solitario tras su etapa en Francia, *Pez muerto* (2011), –con la que además se le abrieron las puertas en nuestra comunidad tras haber sido premiada en el Certamen Internacional 16MasDanza al mejor intérprete internacional– no tuvo muchas repeticiones *a posteriori* por causarle demasiados estragos físicos. Sus manos pintadas de negro como si de lodo se tratase ya llevaban implícitas una poética de orden terapéutico que dejaba relucir un análisis a nivel emocional sobre qué estaba pasando y cómo, para encontrar un espacio artístico más saludable.

Era cuestión de tiempo que de *Pez muerto* saltara a una investigación más depurativa, más higiénica: *Jabón de manos* (2012). Como en Magritte, el cuerpo impugna de algún modo la percepción visual y se instala fuera de un concepto que lo enlace con una comprensión objetual, –de instrumentalización y sometimiento al conocimiento racional–, para que admita otros valores de conocimiento subjetivos no restringidos solamente a la certeza del mundo científico. El cuerpo (este sería, si nos acercamos a las exposiciones de Foucault, una entidad penetrable y opaca, abierto y cerrado, visible e invisible a la vez) se purifica en esta obra casi en las profundidades de un laboratorio, a expensa de luces artificiales que acentúan el contraste entre la rotunda materialidad corporal que vemos y todo esa corpoesfera imperceptible que están poniendo en escena los intérpretes (Cipri López acompañaba a Álvaro en la interpretación). De ahí que el cuerpo de las utopías –que se enmascara para poder entregarse a un amor ciego y universal–, se resuelva con la utopía del cuerpo –aquella que imagina lo posible y lo imposible, territorios de extrasensibilidad aún inexplorados por un organismo que intenta estar en otra parte, donde él quiera–.

Una suerte de metamorfosis kafkiana. Aunque todas las civilizaciones han creado su particular cuerpo utópico, no deja de ser curioso el imaginario tan extenso que nos ha llegado desde la industria cinematográfica a lo largo de toda la década de 2010 con relación precisamente a lo contrario, los cuerpos distópicos –serían esos cuerpos con atribuciones imaginarias de una

Figura 26. *Jabón de manos* (2012). Compañía Álvaro Frutos. Fotografía de José Palomo

sociedad ficticia, indeseable y catastrofista: muertos que presentan una repugnante demacración, vampiros pálidos asociales que postergan una masculinidad tradicional además de relaciones tóxicas, y un largo etc.–. *Jabón de manos* parece poner en escena un cuerpo distópico, mutante, monstruoso a la cercana luz del foco artificial, con movimientos compulsivos y espasmódicos que nos alejan de lo deseable, para llegar mediante su transformación a un cuerpo utópico inmaculado, con la pureza de un alma primigenia, podríamos decir, con el deslumbrante objetivo de llegar a la plena corporeidad. Decía la sinopsis: «Al margen del instinto, en dirección a un mundo suprasensible. Solo quiere pertenecer y entregarse a un destino extrapersonal, fruto de desposesiones, desapegos...».

En otro de sus trabajos, *Verónica* (2017), Álvaro se acompaña de Candela Capitán. Partiendo de estructuras y pautas para la improvisación, la ideación que Álvaro propuso en torno al concepto de manzana se vio reforzada por el arrojo de Candela por crear una videodanza en un ambiente singular, un antiguo museo en Cataluña. Esta danza, de exquisita delicadeza y precisión, destaca por su componente de fragilidad. Desde que comienzan hasta que terminan, les une esta fruta en sus bocas, una para los dos. La carga simbólica que a lo largo de la historia del arte se ha ido depositando en su representación, con sus connotaciones peyorativas en relación con el pecado, quedan aquí trastocadas por una interesante estrategia cinética de inversión.

El discurso que llevaba implícitamente asociado la cercanía de la mujer con el pecado se nos presenta ahora como fractura. La manzana se convierte, precisamente en el momento en el que es mordida por ambos creadores a la vez, en objeto de conciliación, centro dinámico de una danza inquebrantable que resiste a toda forma de contingencia. Candela, además de ser joven, ha sabido aprovechar bien el tiempo y ha logrado captar el interés de marcas tan conocidas como Nike o Dior. Dentro de la semana de la moda masculina de París, ha participado en la colección Fall/Winter 2020 de Undercover, como intérprete para un espectáculo del coreógrafo Damien Jalet.

Patrimonio, identidad y los valores de la periferia

En estos trece últimos años, se han producido revalorizaciones del patrimonio histórico-artístico universal que mantienen conexiones con trabajos de memoria e identidad. Según Boris Groys,

> la novedad surge gracias a una comparación cultural en el marco de la memoria [...]. El estatus de valor se relaciona con la interpretación novedosa y la integración en la memoria cultural, donde lo nuevo es un fenómeno cultural económico con relación a los archivos de la cultura (Groys 2005: 60).

Con el objetivo de rehacer nuestra acción, visión y pensamiento, ciertas dinámicas operativas han ido introduciéndose en la escena contemporánea para transformar el significado y uso de estos conceptos. Sobre todo, para hacerse cargo de un pasado que se nos echa encima en el presente como un constante estado de excepción, es decir, aquel en el que se ha normalizado la anormalidad. No solo por esta razón se produce la desconexión del sujeto con la historia, sino también porque hay crisis de la representación en las que el sujeto no se siente identificado (Córnago 2010: 272). Por consiguiente, la creación escénica se ha ido convirtiendo en aquello que recupera esa relación con la historia en torno a un público que se pretende forme parte de esa nueva construcción.

Y si no se encontraban los espacios adecuados donde ejercer las labores artísticas, se creaban, aunque hubiera que hacerlo desde lo políticamente incorrecto. En 2008, en el marco de la gran crisis económica tras el desastre de Lehman Brothers, surgió en Sevilla el colectivo Flo6x8 con la misión de llevar a cabo prácticas artístico-políticas en zonas de poder capitalista –como las oficinas bancarias– para señalar la responsabilidad del sector financiero sobre el empobrecimiento de los ciudadanos. Con un gran carácter performativo, procedían mediante ocupaciones temporales no violentas de baile y cante flamenco insertadas en lugares emblemáticos de la lógica neoliberal.

En 2010 se hicieron virales con el *Flashmob Rumba Rave Banquero*, con el que removieron consciencias y activaron pulsiones emocionales. Su estrategia fundamental tomaba como rehén instrumental a las TIC (Tecnologías de la Información y la Comunicación), para crear plataformas virtuales donde poder aglutinar discursos alternativos y opiniones disidentes al sistema. Gracias a las redes sociales –que en aquel momento no estaban tan popularizadas como ahora– pudieron expandirse rápidamente mediante una lucha en la que se habían propuesto enriquecer y subvertir la esfera pública con nuevos imaginarios. Y estas resignificaciones también se dirigían hacia otras implicaciones colectivas vinculadas a la lucha feminista. De hecho, aunque el colectivo está compuesto por persona de todos los géneros, su voz está articulada en femenino, «se habla desde un nosotras, que tiene que ver con el uso de un lenguaje inclusivo, pero sobre todo con la intencionalidad de transmitir una representación virtual encarnada en las mujeres flamencas» (Sell-Trujillo, Núñez Domínguez y Aix-Gracia 2020: 148). Es curioso cómo en ese mismo año 2010 la revista *Con D de Danza* señala la agitación de un fuerte movimiento femenino en el sur que tomaba las riendas de la creación y ocupaba una gran parte de los programas, eventos y festivales de la escena cultural (Vílchez 2010).

Ya hemos visto un buen número de piezas en las que este componente integrativo que busca una verdad con el espectador intenta constituirse como condición de posibilidad para que la actuación sea. Entonces, se ha ido elaborando una contra-memoria que trastoca la herencia cultural y el pasado histórico, a partir de la pregunta de cómo se disemina la información en la actualidad (esto también guarda relación con el impulso de archivo de Hal Foster). El reto de aquí en adelante, según María González, sería dinamizar desde los lenguajes contemporáneos el diálogo entre el patrimonio andaluz y la danza contemporánea. Ella misma comenzó a partir de 2007, cuando arranca la gestión en solitario del Mes de Danza, a preocuparse por el Efecto Memoria, intentando archivar, proteger y rescatar antiguo repertorios andaluces.

Desde la Junta de Andalucía, el patrimonio cultural empezó a contemplarse como un factor de desarrollo, aunque de manera limitada, en el Plan Económico para Andalucía Horizonte 2000. La cultura empezaba a ser entendida como una vía para generar empleo y riqueza, lo que también guarda relación con la apuesta que se está produciendo en las últimas legislaturas por el patrimonio. Si pensamos en la cuestión del patrimonio dancístico andaluz, son frecuentes las posturas de antagonismo y fragmentación con las que se debate aquello que debe ser perpetuado de eso otro que debe ser apartado o rechazado. El propio sector se lanza piedras sobre su propio tejado cuando decide marginar trabajos de mayor éxito comercial o formatos de danza más adaptados a los requisitos del mercado.

Figura 27. *Mala suerte o falta de talento* (2009). MOPA. Raquel Luque y Juan Luis Matilla. Fotografía: Centro de Artes Escénicas de Andalucía (CDAEA). Rafael Carmona

Dirigida por Fran Torres, la obra *Mala suerte o falta de talento* de Raquel Luque y Juan Luis Matilla se estrena como «cápsula» (pieza corta) en el marco de AreaTangent Sevilla en 2009 y a finales de año consigue el premio del certamen coreográfico de Madrid Paso a 2. Posteriormente, en 2011, el elenco de intérpretes se ve ampliado a un cuarteto con la incorporación de Roberto Martínez, quien también se encargaba de las luces, escenografía y vestuario, y Eloisa Cantón, una violinista que ya había trabajado con Juan Luis en *Espérame despierto* (2009). Estrenado en el Teatro Central, una de las apuestas principales desde el escenario era la de generar la música en directo a partir de la asignación a cada intérprete de un tipo de instrumento. Por esta razón, no solo se limitaron al campo restringido de la danza contemporánea –de la que además se salieron para frecuentar otras danzas tradicionales extranjeras, o incluso bailes nacidos en la periferia de las ciudades–, sino que saltaron al canto, la música, los ritmos y danzas urbanas, estilos como el reguetón o el *dubstep*... Se acercaban a la figura del *outsider*, aquel que está fuera de las normas que se expresa a menudo como reacción a un cierto malestar social. Y por ello perseguían de algún modo la verdad y la fuerza de esos bailes que dan importancia a la repetición de pasos y al virtuosismo, para orbitar alrededor de las ideas de amor y de fracaso. Hacer referencia a ellos puede tener que ver con lo que Roberto Fratini decía con respecto al verdadero amor que sienten los bailarines de estas danzas: una virtud ideológica que no maltrata su naturaleza y respeta lo que les viene heredado (Fratini 2020).

Según Juan Luis, «la pieza no trata del cuerpo y la estrecha y extraña relación de los bailarines con este […]. No es una investigación acerca del espacio y el tiempo […]. No hay un trabajo profundo en la música […]. Esta pieza es una extraña exaltación del mal gusto…» (Salas 2009). Los cuerpos encarnan personajes despreocupados que podrían salir de un mundo utópico, como el de los videojuegos –de hecho, hay alusiones a movimientos y sonidos que recuerdan a aquellos personajes de las primeras consolas de los años ochenta–, con aires de ligereza que tienden al ridículo, envueltos en situaciones en las que lo lúdico y lo ingenuo forman parte de un improvisado, pero simpático ritmo escénico. A Juan Luis Matilla le interesaba por aquellas fechas las improvisaciones de la pandilla que giraba en torno a Juan Kruz Díaz de Garaio, compuesta por Luc Dunberry, Damiel Jalet y Sidi Larbi. No es de extrañar que propusiera a Juan Kruz dirigir el Espérame despierto. En todo caso, lo que Juan Luis buscaba era un tipo de improvisación a la que se pudiera llegar a través de la consciencia –por eso también le gusta Thomas Hauert y sus estrategias para engañar a la mente y poner la atención fuera de ti–, pero trabajando, sin embargo, desde la eficacia de lo visual en el desarrollo de la imaginación. Tampoco era de extrañar entonces que contara con Hauert para la dirección del espectáculo siguiente *Acostumbrismo. Una Romería a Saint-Tropez* (2013).

No muy lejos de Juan Luis Matilla, y cercana a las inmediaciones del lenguaje, y, por tanto, también de sus limitaciones, se sitúa la trayectoria de Paloma Díaz. Curiosamente, algunas contaminaciones pudieron producirse entre ambos cuando coincidieron en una residencia de creación. Su paso por nuestra comunidad es, cuanto menos, intermitente. Además de haberse criado en Andalucía, se siente unida a Madrid, ciudad en la que trabajó durante mucho tiempo con una de las pioneras de la danza contemporánea en España, Carmen Werner. Desde que fundó su compañía La Permanente en 1998, se desplaza continuamente entre una ciudad y otra promoviendo su danza y desarrollando colaboraciones. Entretanto, su forma de trabajar está inevitablemente contagiada de su aprendizaje en una de las compañías imprescindibles de los últimos cincuenta años, Tanztheater Wuppertal. La conexión que ha conseguido establecer con el público la acerca a lo que de cotidiana y vital tenía la obra de Pina Bausch.

Porque, a pesar de lo encriptada que parece su obra, Pina fue extraordinaria por su sencillez y por el vínculo directo que establecía con el espectador. A su vez, Paloma Díaz recoge ese interés por la comunicación inmediata mediante una danza altamente intuitiva, movida por sentimientos y apartada de elaboraciones conceptuales o teorías sofisticadas. Su premisa de partida es «bailar un problema», situándose en la inseguridad de lo desconocido, adentrándose en lo pantanoso de la incertidumbre, en campos desde los cuales el arte puede hacerse posible. Y, para ello, nunca desestima las posibilidades del espectador. Su obra *Una palabra* (2010), elaborada junto a Isabel Vázquez, expresa la falta de entendimiento resultante de las malas interpretaciones, la contradicción comunicativa producto de suposiciones incorrectas.

La pieza *Ten thousand false thoughts* (2014), del colectivo La Casquería, pudo desplegarse amparada por el Graner de Barcelona, el CAS de Sevilla y la asociación PAD. Como experimento en torno al lenguaje del movimiento, este dúo se mantiene en un estadio frontera entre la performance y la danza, para desmontar todos aquellos falsos pensamientos que han constituido sin darnos cuenta una parte de nuestra identidad. Adaptando una historia de John Cage acerca de los malos consejos que nos van afectando con el paso del tiempo, La Casquería utiliza simbólicamente la naranja –que en una ciudad como Sevilla tiene una carga muy idiosincrática– para poner en tela de juicio esos preceptos que integramos sin más como verdaderos. Convenciones dadas, dogmas no cuestionados, intuiciones y saberes corporizados en torno al placer y el dolor que invitan no solo a reflexionar, sino también a vivenciar.

Teresa Navarrete se acerca a temas de identidad cuando decide multiplicar sus yoes para construir otras pieles por las que transitar, logrando seducir –y conquistar– al espectador para que acceda a ellas y se adentre en su interior. Entonces, se expone constantemente al autodescubrimiento desde

Figura 28. *Una palabra* (2010). Isabel Vázquez y Paloma Díaz. Fotografía de Luis Castilla

un proceso muy divertido y revelador, que atraviesa su corporalidad para posicionarse en otras actitudes, géneros, roles... y alcanzar por fin distintas variaciones de Teresa. En consecuencia, hay elementos que se arrastran de un trabajo a otro, como el personaje principal estrenado en 2004 para su trabajo en solitario *Me llamo Walter*, que ha sido recuperado quince años después en *Welcome back Walter* (2016). La idea de aproximarse a una danza portátil no encaja bien en el concepto de esta creadora que aún se siente formando parte de una investigación sobre las posibilidades del escenario, ahí donde pueda llevar sus ideas pequeñas, personales e íntimas. Siendo una gran observadora de lo cotidiano, se desliza por territorios en los que puede descubrirse y exponerse públicamente, transitando por distintas fisicalidades entre lo masculino y lo femenino, determinadas en buena parte por un sesgo cultural. Esta movilidad, a la que agrega siempre mucha parodia, se ve acompañada por la interpretación y música de Miguel Marín, que a pesar de venir de otra disciplina ha sido una figura constante en el panorama de la danza andaluza, trabajando siempre en el contexto escénico.

Juan Dolores Caballero, alias «el Chino», se une junto a la veterana Pilar Pérez Calvete en *Hildegard* (2010). Tal y como se leía en un artículo de Marta Carrasco en el ABC de Sevilla, es un montaje solo de danza, disciplina donde Juan Dolores Caballero empieza a sentirse muy a gusto, a pesar de creer que, «no se contrata tanta danza como teatro. Supongo que porque es más difícil de entender. Hildegard es la historia de alguien que busca su memoria, que crea un personaje de una madre con diversas personalidades y que va desgranando de esta manera una memoria ficticia» (Carrasco 2010). Presentada también en el Teatro Central, esta historia de ficción y construcciones de la memoria servía de pretexto para conectar a Juan Dolores directamente con el mundo de la danza desde dentro. La repercusión que tuvo esta obra le permitió seguir enfrentándose a esta disciplina ajena hasta entonces, y en 2011 presentó para el Festival de Itálica Upper, también con coreografía de Pilar Pérez Calvete y con una agrupación de siete bailarines formados en el CAD.

Con relación a la identidad histórica, Fernando Hurtado dirigió una producción denominada *Las Mariposas ya no viven aquí* con la temática del holocausto judío. El proyecto surge en Panamá a principios del 2014 para transmitir un mensaje de tolerancia y amor a partir de la conmemoración del holocausto judío, con la ayuda de la Fundación Espacio Creativo y la asociación israelita Amigos de Yad Vashem. Para este trabajo, Fernando recorrió algunos enclaves históricos de Polonia para reconstruir la memoria de una catástrofe que afortunadamente nunca vivió. Las imágenes que van apareciendo en el espectáculo nos aproximan a una mirada inocente, evocada por referencias escritas y algunos relatos de supervivencia. Con una enorme cantidad de intérpretes en escena, la fraseología coreográfica se construía nuevamente en cada uno de los países por los que pasaba (Guatemala, Costa

Figura 29. *Hildegard* (2010). Juan Dolores Caballero y Pilar Pérez Calvete. Fotografía de Luis Castilla

Rica, México y Estados Unidos), escogiendo a un elenco distinto, pero manteniendo fijos a cuatro bailarines de su compañía y a otros cuatro de Panamá.

Otro proyecto que orbita alrededor de la memoria, el hogar y la morriña del pasado es *El soberao* (2014), de Raquel Madrid y Arturo Parrilla, a partir de la idea de Arturo para recuperar la obra escultórica de su padre como artista plástico. La imposibilidad de traer al presente momentos del pasado se materializa mediante varios sustitutivos: una construcción de vigas de madera y su correspondiente maqueta. Entonces, la memoria se convierte en objeto, en soporte. Y en ella, la fragilidad de su estructura principal no admite denotaciones básicas del ámbito arquitectónico (como la seguridad, la habitabilidad o la función de refugio). Aquí, la potencia del sentido emerge precisamente de esa debilidad, donde lo frágil se convierte en una vía de empoderamiento para retrotraer al presente un efecto de realidad, un espejismo de lo que podría haber sido y de lo que fue. Maqueta y construcción, como dispositivos inertes, funcionan como intermediarios para la expresión de lo vivo, de lo experimental. Y como no podía ser de otra manera, el movimiento del intérprete se ve contaminado del movimiento natural de la estructura, motivado por la insistencia de querer aplicar un sentido escultural al cuerpo danzado. La duplicidad refuerza el aspecto tautológico de la obra, es decir, una doble señalización de elementos constitutivos que pretenden ser lo que jamás podrán llegar a ser, a base de objetos que ya no cumplen la función por la que fueron diseñados

Figura 30. *El soberao* (2014). Raquel Madrid y Arturo Parilla. Fotografía de Raquel Madrid

(en el caso de la construcción real, las vigas de madera han sido extraídas de un antiguo soberado familiar de la casa de campo de Arturo Parilla). De esta manera, los posibles efectos a los que la maqueta hace mención se anulan cuando en las escenas finales los intérpretes deciden quemarla.

Isabel Vázquez, otra veterana de la escena nacional y más aún autonómica, nos anima en una de sus últimas actuaciones, *La maldición de los hombres Malboro* (2017), a reflexionar sobre qué hace a un hombre ser hombre. Centrado fundamentalmente en los estereotipos y construcciones culturales del concepto hombre, el espectáculo nos dirige hacia la pregunta de cuánto hay de natural y cuánto hay de artificio en los roles arquetípicos determinados en la sociedad. Evitando caer en una desviación sexista del género, Isabel nos propone cuestionar las limitaciones que nos vienen heredadas por nuestra cultura para poder así acercarnos a la identidad de género. O al menos, hacernos ver que existe. Entretanto, disponer de seis hombres en escena para afrontar este desafío supone todo un atrevimiento. Acompañada por Elena Carrascal en el proceso de creación, recrean un mundo de posibilidades performativas en torno al cuerpo y la identidad que no dejan indiferente al público que las acompaña. Humor, sarcasmo, indirectas –y a veces no tan indirectas, más bien bofetadas a la cara– son algunos de los rasgos de esta producción fresca y un tanto irreverente.

Una de las iniciativas quizás más peculiares fruto de las colaboraciones de María González fue la consolidación y desarrollo del proyecto Shapers (2016). Dentro del compromiso de internacionalización que siempre ha mantenido el festival, la compañía francesa Ex-Nihilo solicita al Mes de Danza para una propuesta de formación de jóvenes bailarines para el espacio público, según el programa Europa Creativa de la Unión Europea 2016-2018. Esto ayudaba de alguna manera a disminuir la fractura que siempre ha existido en este país, a juicio de María, por la carencia de pensamiento y reflexión sobre la especificidad de la danza en el exterior público, a pesar de la proliferación de piezas para calle en los últimos años. A favor de estos cuestionamientos se posicionaron otros centros y festivales que terminaron por añadirse a esta colaboración, siempre manteniendo el eje transversal de países en torno al Mediterráneo: España, Francia, Marruecos, Bosnia-Herzegovina y Egipto. El elenco estaba compuesto por ocho bailarines de estos países –en el caso español, Lucía Bocanegra y Elvi Balboa salían directamente de nuestra comunidad– para crear un espectáculo con la experiencia acumulada durante dos años de trabajo viajando y bailando por todo el mundo. Entretanto, el proyecto no estaba exento de complicaciones:

> Ha habido momentos de bastante conflicto. Uno de los que surgió fue la relación norte-sur, en el sentido de que algunas veces había distorsiones respecto a cómo se estaba entendiendo el proyecto entre las distintas organizaciones. Hubo que reajustar, explicar y volver a explicar constantemente las reglas del juego [...]. A pesar de todo fue maravilloso. Ver cómo estos ocho jóvenes bailarines han crecido en estos años fue realmente conmovedor (María González, entrevista personal, 1 julio 2020).

El joven coreógrafo jiennense Mario Bermúdez Gil ha regresado a Andalucía después de un periodo de cuatro años formando parte del equipo de Batsheva Dance Company, una de las más grandes compañías contemporáneas del mundo dirigida desde 1990 por el israelí Ohad Naharin –creador además de un tipo de movimiento específico que ha denominado como *Gaga*[4]–.

---

4. Ohad Naharin ha revolucionado el lenguaje de la danza internacional. Según el director, Gaga es un lenguaje de movimiento donde los bailarines pueden hacer despertar su

En 2016 Mario aún no sabía que, para alcanzar una plena conexión con su interioridad, tenía que volver a casa, a Andalucía, «al olivar, a la tierra roja, a la montaña, al mar, al rito, a las puestas de sol y los colores, la tranquilidad, el silencio. Todo eso para mí crea un estado emocional y personal que me hace conectar más con mi yo. Quién soy yo en esta tierra» (M. Bermúdez, entrevista personal, 10 octubre 2020). Sin embargo, antes de regresar funda en ese mismo año la compañía Marcat Danza junto a la que se ha convertido en su ayudante creativa, la americana Catherine Coury, miembro también del equipo de Batsheva y profesora del lenguaje *Gaga* –premiada además recientemente a la Mejor Bailarina en los premios PAD de 2020 y finalista a la Mejor Intérprete Femenina en los Premios MAX de 2020–.

En el último periodo de su etapa en Israel realizaron juntos la pieza *Alanda* (2016), gestada en Tel Aviv con el apoyo de la compañía israelí y estrenada precisamente en el Teatro Inbal de la misma ciudad. Echando de menos Andalucía, pero teniendo aún los pies en esta ciudad, la obra se originó desde la conexión conceptual que establecieron entre ambas regiones a partir de una memoria que aglutinaba experiencias personales y reminiscencias históricas. El modo de vida de sus gentes, su arquitectura, las vivencias entre judíos, cristianos y árabes sirvieron de nexo entre este país del Mediterráneo y la ancestralidad andaluza. Un rico repertorio de gestualidades multiétnicas se unía alrededor de diferentes tradiciones culturales, generando series de movimientos un tanto catárticas que evocaban paisajes de magia y posesión. Las influencias de Gaga estaban todavía muy presentes en esta obra, al igual que probablemente se percibieran residuos de un tipo de visión coreográfica y representativa compartida entre Ohad Naharin y su profesora –aunque solo fuera por diez meses– Martha Graham, fundadora inicial de la Batsheva Dance Company. Nos referimos a un tipo de potencia trágica, de profundidad mítica, dulzor y energía casi destructiva[5]. Y para ello, qué mejor manera la de incorporar músicas del mundo a cargo de artistas como Armand Amar –quien además ha vivido la danza desde cerca–, compositor de

---

sensibilidad participando activamente en el proceso creativo y enriqueciéndolo de su curiosidad y sus imaginarios personales. Es una danza placentera con movimientos inusuales y asimétricos cuyo objetivo principal es embellecerla. «Delicadeza, gestos pequeños pero capaces de manifestar fuerza y potencia. Un tipo de movimiento entendido como algo sanador, donde se da cabida al poder de la imaginación. Preocupado por la claridad y el aspecto formal, no parte de la mirada hacia uno mismo sino de la sensación de estar en un espacio en distancia con otros cuerpos. Es algo relacionado con el alma, con la conexión entre tus demonios, fantasías pasionales y lo duradero, que en efecto aprendes para hacer más con menos» (Naharin, «Ohad Naharin discusses Gaga movement», 2012) (traducción del autor).

5. Recordamos que la bailarina Noemi Lapzeson reconocía tener miedo de Martha Graham cuando bailaba, debido a la representación tan terrorífica que hacía de Medea. Lapzeson señala «la bruja en realidad era Graham» (Lapzeson 2012).

Figura 31. Proyecto Shapers. Mes de Danza. Fotografía de Luis Castilla

Figura 32. *Alanda* (2016). Marcat Dance. Fotografía: Centro de Investigación y Recursos de las Artes Escénicas de Andalucía (CIRAE). Jesús Ahumada

bandas sonoras tan conocidas como aquella de la película HUMAN, o también la agrupación La Roza Enflores y su repertorio de músicas sefardíes. En este clímax de encanto, teatralidad y exquisitez sensorial, la conjunción de las culturas se hace posible.

Pero no fue realmente hasta la creación de *Codara* (2017) cuando Mario Bermúdez tuvo su primer contacto de lleno con España. Después de haber sido nombrado por la revista Dance como uno de los 25 bailarines a los que hay que ver en algún momento de la vida, el joven coreógrafo se sumerge en esta residencia de creación con el apoyo de los Teatros del Canal de Madrid. A través de una analogía con la España de posguerra, esta pieza pretendía conectar con la desesperanza y el sufrimiento de un pueblo condenado a su cruda realidad. En el caso de Mario, la de odiar la decisión que tomó de volver a nuestro país para empezar a crear desde aquí, luchando, sobreviviendo y manteniendo la misma pasión de hasta entonces. El conflicto interior se desencadena por tanto entre dos opciones alternativas: la de querer permanecer en su tierra para luchar por unas óptimas condiciones, o la de emigrar a otro territorio con un panorama más favorable para su profesión. Es decir, ejemplifica la preocupación general de toda una generación de jóvenes poscrisis de 2008 que trece años después aún sigue sin resolverse.

Como si de un puzle se tratara, todo encaja de nuevo. El fondo musical lo constituye la famosa melodía del Concierto de Aranjuez, obra compuesta por Joaquín Rodrigo en 1939 mientras se refugiaba en el barrio latino París a causa de la inestabilidad de la Guerra Civil. La danza de Mario Bermúdez se componía de un equipo de seis bailarines, organizados en tres binomios masculinos-femeninos, lo que parece aludir, por un lado, a la estructura tripartita del Concierto –tres movimientos: *allegro con spirito*, *adagio* y allegro *gentile*–, y, por el otro, al binomio formado por Juan Rodrigo y su mujer Victoria Kamhi, de vital importancia en la elaboración del segundo –el *adagio*, el más conocido y popular–. En él se yuxtaponían distintos sentimientos y emociones de la vida de la pareja hacia 1939: el recuerdo de su luna de miel en Aranjuez, la pérdida de un primer hijo que nació muerto, el deseo de que su mujer no muriera a consecuencia del parto, la pena, el dolor y el profundo arraigo a la vida...

Con razón, el estrecho vínculo entre el hombre y la mujer es importante en *Codara*: no solo forman cuerpos de baile, sino también parejas visuales según las leyes compositivas que los asocian –simetría, proximidad, compensación o líneas imaginarias de tercios que intersecan entre sí–. La actuación coreográfica se dispone en torno a una heteronormatividad tradicional de aspectos neoclásicos: se refuerzan las categorías habituales de género en cuanto a lo femenino y masculino, la música hace un tándem inseparable con la danza, los desplazamientos corporales se configuran basándose en líneas y puntos concretos del escenario, se alimentan ciertas formalidades propias del *ballet* clásico y el espacio anula su tridimensionalidad en un intento de restringir toda gestualidad al plano horizontal. Solo en un momento de derribo en el que uno de los intérpretes masculinos cae al suelo, aparece un plano vertical como reclamo hacia el espectador. La conquista se produce entonces por contraste: paralelo a él lo confronta, al tiempo que resalta la escala humana de los intérpretes y su iluminación refuerza una danza en espejo, casi de siluetas, donde lo masculino y lo femenino adquieren el mismo estatus de valor.

> La simetría es una pura ilusión. El bailarin hace un movimiento a la derecha, luego intenta reproducirlo exactamente de la misma manera a la izquierda. Y eso le bloquea, porque la izquierda nunca es exactamente igual que la derecha. Con mis bailarines, tenemos un ejercicio que hemos llamado «mandar a la mierda la simetría». Enseño el placer de la asimetría, intento centrar la atención en diferencias ínfimas entre la derecha y la izquierda. Y todo esto para crear formas aún más bellas, más puras (Naharin, *Mr Gaga: la leçon de danse de Ohad Naharin*, 2016) (traducción del autor).

El poder expresado en el espectáculo no es algo absoluto, sino abierto al conjunto de las acciones escénicas de los actores, implicados en una etapa y tiempo concreto según sus vivencias, concepciones, percepciones y elaboraciones simbólicas. Conecta con el flamenco –no como forma, sino como principio energético contenido en un cuerpo e impulsado por la raíz, el rito y la tierra–, pero también con otras culturas de corte asiático donde está muy presente la esencia de la energía, el control del peso del cuerpo en relación con la potencia y los niveles de esfuerzos que se ponen en cada movimiento. A la vez que se siente ternura, rebosa amor y vibración, y otras veces rabia y velocidad, según ritmos personales creados en el silencio de la naturaleza. A veces son introvertidos y a veces se expanden sin timidez por el espacio. Finalmente, con la atenuación de la música, los bailarines se resignan al pesar como en un dulce lamento, arrastrándose por el suelo y entregándose de rodillas al ingrato desenlace. De la misma manera que esta composición musical le valió al compositor Joaquín Rodrigo para adquirir prestigio internacional justo en el momento en el que decidía volver a su país natal, *Codara* de Mario Bermúdez no aspiraba a menos. No sabemos si será una obra emblemática en la vida de este creador, ni tampoco qué destino le tiene reservado el futuro a su trayectoria, pero de momento va por un camino de conquistas internacionales.

Lucía Vázquez es una bailarina atípica que hace no mucho tiempo saltó de las colaboraciones niponas a la realización de obras propias en Andalucía. Tras haber pasado un tiempo de idas y venidas entre Japón y España y habiendo vivido allí durante cuatro largos años, su trayectoria marca un punto de inflexión cuando consigue el premio Premio NDA en el 2nd Asian Solo & Duo Challenge for Masdanza (en Seúl, Corea del Sur) con el espectáculo *Flying Birds* (2017), y empieza a disfrutar de la gira que esto le trajo en consecuencia. En colaboración con Nobuyoshi Asai, artista especializado en danza *butoh*, crearon esta pieza que les valió del reconocimiento internacional. Seguidamente, se implica en un nuevo proyecto de influencia japonesa con otro bailarín nipón, en este caso, el que había sido durante siete años asistente coreográfico de Sidi Larbi, Satoshi Kudo. Apoyados por el Teatro Central, realizaron *Mazari* (2018), la primera pieza larga en la que se compromete como creadora y donde todavía están presentes las influencias estéticas y coreográficas del mundo japonés. Escenográficamente, varios paneles de lona blanca componen un espacio impoluto, aséptico y geométrico, diseñado por el arquitecto italiano afincado en Japón Federico Cazzaniga.

La exquisitez de Lucía por una estética bien cuidada se coordina, junto a sus conocimientos en estilismo de moda, con la madurez de Satoshi gracias a sus estudios de fotografía para cine en la New York Film Academy. Como si de planos de papel se tratase, el escenario se construye por dos módulos cuadrangulares insertados en una inmensidad de color negro, uno plano –más estrictamente, el escenario horizontal– y otro adosado al anterior justo en la mitad, que se adentra en profundidad y se eleva en altura. En ellos, un juego de interioridad-exterioridad emerge a través de una danza que se ejecuta en desequilibrio, en la que las lonas no sirven de impulso ni apoyo, sino de contextualización dramatúrgica. La arquitectura del espectáculo incorpora una

Figura 33. *Mazari* (2018). Lucía Vázquez y Satoshi Kudo. Fotografía de Luis Castilla

condición inmunitaria y terapéutica que se manifiesta en la danza de los in-térpretes, aquella que pueda compensar la falta de contacto exterior y a su vez la agonía de estar en el mundo. La retícula espacial funciona como contenedor existencial de estricta movilidad en el que ambos bailarines parecen formar parte de un elemento común, en una suerte de autogamia que los trasciende a un estrato ulterior al dominio de lo real. Algo similar al intento de superar un primer nivel elemental del existencialismo para alcanzar la sustancia pri-mordial –una energía, una espiritualidad, un devenir fluido–, a través de un ejercicio similar a lo que Eliade señalaba como «enstasis», aquel movimiento de interioridad con referencia a estados de pura consciencia vinculados a la fuerza vital. Todo cobra más sentido cuando nos damos cuenta de que Lucía Vázquez es profesora certificada de yoga y pilates y que se ha acercado en nu-merosas ocasiones a técnicas de respiración y ejercicios de meditación.

La unión mystica no puede producirse si previamente no existe un «distanciamiento» del mundo, si no hay una substracción al circuito cósmico, sin la cual nunca se llega al reencuentro con uno mismo, ni al «autodominio», ni siquiera en su acepción «mística», es decir, mientras el Yoga signifique la unio, implicará el «desapego» previo de la materia, la emancipación respecto al «mundo» (Mircea 1999: 14).

Aquellas danzas experimentales de Trisha Brown, cuando los movimientos se elaboraban a partir de una restricción, obstáculo o condicionante espacial –en torno al objeto y las superficies materiales– han sido superadas aquí por un tipo de desequilibrio generado desde el interior del cuerpo y no por algo externo a él. Quizás, el mimetismo de Lucía Vázquez con los procedimientos de Satoshi Kudo, lo que él llama *Motion Qualia*[6] , le haya traído como consecuencia un estado de reorganización en sus esquemas artísticos después del regreso a tierras andaluzas. De hecho, el trabajo dual se centra en concepciones de fluidez en torno a dos cuerpos que se interpelan, por este motivo se percibe un tipo de improvisación –aunque muy acotada y esgrimida– que surge de una respuesta involuntaria a un estímulo dado. Incluso la misma palabra *mazari* tiene que ver con el acto de mezclar.

También con Satoshi Kudo produjo años más tarde la obra *Hasekura Project* (2020), desde la iniciativa interdisciplinar de una producción híbrida basada en las aventuras de un antiguo samurái y embajador japonés (Hasekura) que se instaló durante algún tiempo –por allá en el siglo XVII– en el pueblo sevillano de Coria de Río. La música contemporánea española se utilizaba junto a melodías tradicionales japonesas, además de recuperar técnicas de caligrafía japonesa y expresiones de pintura contemporánea. De todos modos, la vinculación con el territorio y la identidad del pueblo japonés se producía a partir de una actitud melancólica, reflexiva, con la que el coreógrafo nipón se planteaba el regreso a su tierra natal. La analogía entre las vivencias del embajador y las suyas propias daban coherencia al mestizaje cultural –de nuevo la idea de la mezcla, la unión– que configuraba las bases conceptuales de este trabajo, precisamente en el mismo año en el que se concentraba en Tokio la mayor reunión de pueblos del mundo durante la celebración de los Juegos Olímpicos.

---

6. *Motion Qualia* es un método creado por Satoshi Kudo para construir un movimiento a partir de la desatención del equilibrio propio del cuerpo. En ese momento, justo cuando el cerebro percibe esa inestabilidad y reacciona ante ella intentado equilibrarla, Motion Qualia aprovecha ese reflejo para encontrar soluciones que puedan continuar el movimiento de una manera constante. Esta reacción se produce en una doble variante: la implicación física y emocional (Kudo 2021). Con este enfoque, se puede ampliar el rango y la altura del movimiento, pero también necesita una cierta técnica para acceder al suelo.

La prolífica Salud López ha optado por un acercamiento a los circuitos del extrarradio. Incorporándose hace unos años al equipo de la Factoría Cultural –un centro de última generación situado en un barrio de Sevilla cuya población está en riesgo de exclusión social– participa en un conjunto de actividades descentralizadas del núcleo urbano de la ciudad que está creando un foco de atracción hacia procesos de acción colectiva y fortalecimiento de las relaciones intercomunales. La creatividad que aflora en este lugar –generalmente asociada al flamenco– nace de la interacción entre individuos, del compromiso y la cooperación colectiva. Sin embargo, Salud ha logrado encontrar su hueco en labores de mediación, formación y asesoramiento artístico, proponiendo un programa de residencia artística llamado PAC (Proceso Abierto de Creación): un conjunto de formaciones intensivas orientadas hacia el conocimiento pedagógico y al entrenamiento para pensadores en movimiento, a las que se añaden tareas de mediación sociocultural y actividades de danza en contextos de subalternidad. Formando parte de este proceso se incluye el proyecto *NÚMEROS/NUMBERS* (2019), una creación en proceso de carácter híbrido entre la danza y la performance con formatos de exhibición variables que encuentran su impulso en las «reparaciones coreográficas» de performances clásicas. «La idea de utilizar diferentes performances conocidas como espacio conceptual, sensitivo, escénico de la propia danza» (López 2020).

Figura 34. *NÚMEROS/NUMBERS. Parte III: BabiloniaRolex/Semiótica/Flamenco* (2019). Salud López. Fotografía: Centro de Investigación y Recursos de las Artes Escénicas de Andalucía (CIRAE). Florentino Yamuza

Hasta el momento, tras haber colaborado con numerosos artistas, se trata de una trilogía indicada para mostrarse en lugares específicos: Parte I *Caja/Cage + Danzafono* (2019), obra que reflexiona sobre el silencio y la escucha, inspirada en la obra *4 minutos 33 segundos* de John Cage. Entonces, el intérprete se sumerge en la performatividad de la acción para experimentar el silencio e interpretarlo posteriormente desde distintas perspectivas. Con un formato en cierta medida exportable, este tipo de danza-performance alcanza al público receptor para atravesar la obra del artista y dejarse invadir por el componente lúdico que arrancan sus experimentos. La Parte II *Exportación/Salida/Export* (2020), es una obra cuya gestualidad está inspirada en la performance de Valie Export *Body Configurations* y la película de Maurice Lemaitre *Le film est déjà commencé?* En ella se amplía la relación entre cuerpo y paisaje mediante la idea de los límites, ya sean espaciales, temporales, formales, conceptuales, lingüísticos o incluso escénicos. De ahí que trabaje junto a Mario Sánchez (el Mago) en una sinergia entre danza e hipnosis, envuelta en un ambiente de música rock, ruidos y distorsiones sonoras. Otra variación ha sido Parte III: *BabiloniaRolex/Semiótica/Flamenco* (2021), una versión flamenca de la performance de Martha Rosler *Semiotics of the kitchen* de 1975. En esta, Salud López parte de su experiencia en la Factoría Cultural para generar un proceso de creación que abre al servicio del público y lo convierte a su vez en herramienta pedagógica, mientras que todas las personas participantes forman parte activa en este proceso de co-creación. Y para ello, dedica su tiempo a investigar las obras de Joseph Beuys, las derivas situacionistas de Constant asociadas al proyecto arquitectónico New Babylon, y sus filiaciones con la psicogeografía.

La relación que este proyecto ha mantenido con la memoria cultural y el patrimonio histórico-artístico le ha permitido contar con el apoyo de distintos organismos e instituciones como la propia Factoría Cultural, la Universidad Loyola, el ICAS (Instituto de la Cultura y las Artes de Sevilla), a través del I Ciclo de Danza y Patrimonio Inhabitants vinculado a la compañía La Tarasca, de Ramón Bocanegra –es notable el esfuerzo realizado por esta compañía para colaborar con protagonistas de la danza contemporánea andaluza–. O incluso el programa Mostra Espanha 2021 –organizado por el MECD de España en colaboración con la Embajada de España en Portugal, Acción Cultural Española (AC/E) y el Instituto Cervantes de Lisboa–, cuyo objetivo es visibilizar en Portugal las producciones culturales españolas más actuales.

En 2015 se producía de nuevo en Córdoba un acontecimiento que situaba a la ciudad en el punto de miras de todo el conjunto escénico español: se estrenaba la primera edición del festival Beautiful Movers. Identidades permeables en la escena, un programa de creación escénica contemporánea en torno al concepto de género e identidad sexual, organizado por el colectivo Vértebro y apoyado por la Delegación de Cultura de la Diputación. Esta iniciativa ha ido llenando de propuestas contemporáneas la ciudad para establecer encuentros, diálogos y reflexiones sobre cómo se vincula el territorio a conceptos de historia e identidad. Por aquí han pasado muchos artistas como Bárbara Sánchez y Jaime Conde-Salazar con Electrohumor (2016), quienes exploraban las molestas imposiciones que afectan a la subjetividad, o Natalia Jiménez con Brigitte Vasallo, Sonoridad bastarda (2018). También, Ana Buitrago desplegaba un proyecto en el que exterioriza de manera muy poética los contenidos que sucedían en el interior del festival, al dar voz a los materiales textuales y visuales que los artistas asociaban con las obras presentadas. Iban leyendo en voz alta, a lo largo de distintos espacios públicos, para hacer resonar el material que generalmente sirve de base o fundamento al trabajo artístico.

En la búsqueda de performatividades que inviertan la relación unidireccional que existe entre el coreógrafo y el bailarín se sitúa el grupo La Bolsa, un colectivo creado en 2012 por siete creadores vinculados de alguna manera a Cataluña que se organizan para trabajar a un ritmo más pausado del habitual. En Retratos errantes está participando actualmente Natalia Jiménez, que, junto a las demás participantes, eligen al coreógrafo para trabajar con él a partir de un trabajo de creación en vivo que se distancia del sometimiento de la imitación y la repetición de pasos. En vez de llevar a cabo variaciones de lo que ellos hacen, son acompañadas y asesoradas por la mirada experimentada del coreógrafo. Desde la memoria del presente, las intérpretes toman prestados algunos de sus códigos mientras los modifican y crean los suyos propios. La primera creación surge con la tutela de Thomas Hauert en 2015, y la más reciente, cuyo estreno se efectuó en febrero de 2021 en el Mercat de Flors, la han producido con el asesoramiento de Malpelo en L'Animal a la esquena. Son formas de trabajar sobre estructuras que garantizan un poso subyacente, un material que no desprecia los vínculos ni la prolongación en el tiempo, un tipo de conocimiento colectivo que se acumula y consolida a medida que va construyendo memoria y saberes patrimoniales adheridos a la esencia del lugar.

Bibliografía

ACIAEM (Asociación de Compañías Independientes de Artes Escénicas de Málaga) (2012): «El asociacionismo, ¿otra nueva vía?», *La Teatral*, 33, 37-38.

Agamben, G. (2014): *¿Qué es un dispositivo?* Buenos Aires: Adriana Hidalgo Editora.

Antúnez, M., Ramis, P. y Muñoz, M. (2000): «La edad», en Pep Ramis y María Muñoz, *Mal Pelo: L'animal a l'esquena: Pep Ramis y María Muñoz. Compañía de danza*. Valencia: INAEM, MECD, Museo de Historia de Girona, Ayuntamiento de Girona, 151-177.

Balandier, G. (1994): *El poder en escenas: de la representación del poder al poder de la representación*. Barcelona: Ediciones Paidós.

Basch, S. (1 de junio de 2016): «Mr Gaga: la leçon de danse de Ohad Naharin», *ELLE*. https://www.elle.fr/Loisirs/Cinema/News/La-lecon-de-danse-de-Ohad-Naharin-3105175.

Bataille, G. (2015): *Historia del erotismo*. Madrid: Errata Naturae Editores.

Bauman, Z. (2002): *Modernidad líquida*. Buenos Aires: Fondo de Cultura Económica de Argentina S.A.

Bernard, M. (2002): «De la corporéité fictionnaire», *Revue Internationale de Philosophie*, 4, 222. Bruselas, Bélgica.

Bogart, A. (2015): *Antes de actuar. La creación artística en una sociedad inestable*. Barcelona: Alba Editorial.

Cañadas, M. (19 de octubre de 2013): «Manuel Cañadas: El público no comprende que se pueden contar muchas cosas bailando», *La Razón*. https://www.larazon.es/local/andalucia/manuel-canadas-el-publico-no-comprende-que-se-pueden-contar-muchas-cosas-bailando-BC4037146/#:~:text=personales%2C%20muy%20propios.-,El%20p%C3%BAblico%20no%20comprende%20que%20se%20pueden%20contar%20muchas%20cosas,como%20si%20fuera%20un%20teatro.

Carrasco, M. (5 de febrero de 2010): «El Velador busca la memoria a través de la danza», *ABC de Sevilla*. https://sevilla.abc.es/cultura/sevi-velador-busca-memoria-traves-danza-201002050300-1133556301186_noticia.html.

Castilla, L. (2004): *Con D de Danza* (2), 40-41.

Citro, S. y Aschieri, P. (coords.) (2012): *Cuerpos en movimiento. Antropología de y desde las danzas*. Buenos Aires: Biblos.

Conde-Salazar, J. (2018): *La danza del futuro*. Madrid: Editorial Continta Me Tienes (Errementari S. L.).

Córnago, O. (2010): «Dramaturgias para después de la historia», en M. Cifuentes y M. Bellicos, *Repensar la dramaturgia. Errancia y transformación*. Murcia: Centro Párraga y CENDEAC.

Cvejic, B. (2014): *«Rétrospective» par Xavier Le Roy*. Dijon (Francia): Les Presses du réel.

Danceconsortium (25 de octubre de 2012): *Ohad Naharin discusses Gaga movement* [vídeo]. Youtube. https://www.youtube.com/watch?v=OGPG1QL1vJc.

De Diego, E. (2015): *Artes visuales en Occidente desde la segunda mitad del siglo XX*. Madrid: Ediciones Cátedra (Grupo Anaya, S. A.).

Desmond, J. C. (1993): «Embodying difference: issues in dance and cultural studies», *Cultural Critique*, 26, 33-63.

Donat, B. (2021): «Deborah Hay. What if...?», *SusyQ*, 28-33.

Franko, M. (2018): «De la danse comme texte au texte comme danse: généalogie du baroque d'après-guerre», *Gestualités/Textualités en danse contemporaine*. París: Hermann, 203-227.

Fratini, R. (2011): «Periferias, periplos, peligros. La nueva danza catalana», *Estudis escènics: quaderns de l'Institut del Teatre de la Diputació de Barcelona*, 38, 377-388.

Fundación SGAE (2016): *Anuario SGAE de las artes escénicas, musicales y audiovisuales*. Madrid: Fundación SGAE.

Gómez Gabriel, N. (29 de enero de 2021): *Lesionada Sanatorium. Un museo patológico vivo creado por Candela Capitán*. Núria Gómez Gabriel. https://nuriagomezgabriel.net/index.php/2021/02/13/lesionada-sanatorium-un-museo-patologico-vivo-creado-por-candela-capitan/.

Gómez, R. (4 de febrero de 2020): «El Cicus vuelve a bailar con "Ahora! Danza"», *Diario de Sevilla*. https://www.diariodesevilla.es/ocio/Cicus-vuelve-bailar-Ahora-Danza_0_1434157067.html.

González, M. (dir.) (2014): *Mes de Danza, 20 años. Una historia de la danza contemporánea en Andalucía*. Sevilla: Transforma.

González Castro, A. (2021): «Singularidades de Andalucía», *Historia de la danza contemporánea en España* (III). Madrid: Academia de las Artes Escénicas de España, 123.

Groys, B. (2005): *Sobre lo nuevo. Ensayo de una economía cultural*. Valencia: Pre-textos.

Hamilton, J. (1997): «Conversation avec Julyen Hamilton», en A. Benoit (trad.), *Nouvelles de danse. On the Edge/createurs de l'imprevu*, 32-33, 192-205. Bruselas: Contradanse.

Heidegger, M. (2015): *Construir Habitar Pensar*. Madrid: Oficina de arte y ediciones.

Kudo, S. (3 de septiembre de 2021): «Motion Qualia», *Dankjac*. https://dankjac.wixsite.com/mysite-3/motion-qualia?lang=de.

La Térmica (9 de mayo de 2020): *Danza y género: figura de la simetría y de la asimetría. Con Roberto Fratini Serafide en conversació* [vídeo]. Youtube. https://www.youtube.com/watch?v=KpWp2wDxQro.

Lapzeson, N. (2012): «Avoir peur de la sorcière Graham: entretien avec Noemi Lapzeson», *Repères, cahier de danse*, 9-12.

López, S. (27 de noviembre de 2020): *LaboratorioSLD*. http://laboratoriosld.blogspot.com/.

López, S. y Cirugeda, S. (2010): «Una pista de coches locos itinerante que es un espacio escénico», *Laboratorio Q de lugares de creatividad urbana*. https://www.laboratorioq.com/global/laboratorioqsevilla/pista-digital/.

Macias Osorno, Z. (2009): *El poder silencioso de la experiencia corporal en la danza contemporánea*. Bilbao: Artezblai.

Méndez Gutiérrez, R. (2007): «Globalización y organización espacial de la actividad económica», *Geografía humana: procesos, riesgos e incertidumbres en un mundo globalizado*. Barcelona: Ariel, 203-254.

«Mercartes supera sus previsiones» (2010), *La Teatral*, 27, 14-15.

Mircea, E. (1999): *Técnicas de Yoga*. Barcelona: Kairós.

Moraga Guerrero, E. (2019): *El Tercer Sector profesional de las Artes Escénicas y de la Música en España*. Madrid: Ministerio de Cultura y Deporte.

Moulin, R. (2012): *El mercado del arte*. Buenos Aires, Argentina: La marca editora.

«Sentencia de los ERE», *El Mundo* (19 de noviembre de 2019). https://www.elmundo.es/andalucia/2019/11/19/5dd3c08321efa01e328be8b3.html.

Nevado, P. (2010): «La danza en Andalucía es, en sí misma, una gran dificultad», *La Teatral*, 24, 24-26.

Nogales, M. (2015): *El creador en el Epicentro*. Sevilla: Organización PAD.

PAD (Asociación Andaluza de Profesionales de la Danza) (16 de marzo de 2015). «La PAD presenta la quinta edición de Vertebración», *Asociación PAD*. http://asociacionpad.feced.org/2015/03/16/la-pad-entrega-los-lorem-su-lorem-ipsum-sit-amet-en-loremsit/.

PAD (Asociación Andaluza de Profesionales de la Danza) (29 de noviembre de 2021). Obtenido de http://asociacionpad.feced.org/.

Pedro Jiménez [pedrozemos98] (12 de febrero de 2015): *Miguel López de la PAD en la asamblea abierta presupuesto CERO* [vídeo]. Youtube. https://www.youtube.com/watch?v=c0EKOxhYb5Q.

Pérez Yruela, M. y Vives, P. (2012): «La política cultural en Andalucía», *RIPS: Revista de investigaciones políticas y sociológicas*, 11 (3), 65-87.

Perrin, J. (2021): «Cohabiter en artiste chorégraphique», *Journal de L'ADC*, 79, 12-19.

Romero, P. G. (13 de octubre de 2013): «El dedo índice de Vicente Escudero», *Macba*. https://www.macba.cat/ca/exposicions-activitats/activitats/dedo-indice-vicente-escudero.

Rouget, G. (1980): *La musique et la transe*. París: Tel Gallimard.

Salas, R. (9 de diciembre de 2009): «Crisis en la danza emergente», *El País*. https://elpais.com/diario/2009/12/09/madrid/1260361462_850215.html.

Sell-Trujillo, L., Núñez Domínguez, T. y Aix-Gracia, F. (2021): «Flo6x8: intervenciones feministas para la ocupación y la resistencia», *Investigaciones Feministas, Ediciones Complutense*, 12 (1), 145-156. DOI: https://doi.org/10.5209/infe.69377.

Teatron (12 de junio de 2021): «¿Qué es Teatron?». *Tea-tron*. http://www.tea-tron.com/teatron/About.do.

Tena, P. (30 de diciembre de 2016): «La Cámara de Cuentas halla irregularidades y enchufismo en la Agencia de Cultura andaluza», *Libertad Digital*. https://www.libertaddigital.com/espana/2016-12-30/la-camara-de-cuentas-halla-irregularidades-y-enchufismo-en-la-agencia-de-cultura-andaluza-1276589731/.

Vicente, A. y Sampedro León, A. (2014): «Personas en el mundo: la perspectiva de primera persona y el naturalismo», *Análisis. Revista de investigación filosófica (Arif)*, 1 (1), 161-180. DOI: https://doi.org/10.26754/ojs_arif/a.rif.20141975.

Vílchez, L. E. (2010): «El movimiento femenino de Sur», *Con D de Danza*, 22, 20-21.

Índice onomástico